Sinan Borluk

Türkiye'de Bölgelerarası Gelir Yakınsama Iraksama Dinamikleri

Sinan Borluk

Türkiye'de Bölgelerarası Gelir Yakınsama Iraksama Dinamikleri

Türkiye Alim Kitapları

Impressum / Künye
Bibliografische Information der Deutschen Nationalbibliothek: Die Deutsche Nationalbibliothek verzeichnet diese Publikation in der Deutschen Nationalbibliografie; detaillierte bibliografische Daten sind im Internet über http://dnb.d-nb.de abrufbar.

Deutsche Nationalbibliothek tarafından yayınlanan bibliyografik bilgiler: Deutsche Nationalbibliothek, bu yayını Deutsche Nationalbibliografie'de listeler; detaylı bibliyografik bilgi İnternet'te http://dnb.d-nb.de sitesinde mevcuttur.

Coverbild / Kitap kapağı resmi: www.ingimage.com

Verlag / Yayıncı:
Türkiye Alim Kitapları
ist ein Imprint der / yayınevinin bir ticari markasıdır
OmniScriptum GmbH & Co. KG
Bahnhofstraße 28, 66111 Saarbrücken, Deutschland / Almanya
Email / E-posta: info@turkiye-alim-kitaplary.com

Herstellung: siehe letzte Seite /
Basım yeri: son sayfaya bakın
ISBN: 978-3-639-67391-3

TEŞEKKÜR

Bu çalışmanın ortaya çıkmasına büyük emekleri olan ve tüm doktora sürecim boyunca, engin bilgisi, disiplini ve bilimsel duruşuyla benim için her zaman örnek olmuş olan değerli danışmanım Prof. Dr. Berrin Ceylan ATAMAN'a, bu çalışmaya yaptıkları büyük katkılardan dolayı, Prof. Dr. Şerife Türcan ÖZŞUCA'ya ve Prof. Dr. Cem KILIÇ'a, model çalışmalarında yaptığı çok önemli katkılardan dolayı Prof. Dr. Hasan ŞAHİN'e, değerli hocam Doç. Dr. Şenay GÖKBAYRAK'a, başta Prof. Dr. İlkay SAVCI, Prof. Dr. Seyhan ERDOĞDU, Prof. Dr. Recep VARÇIN, Doç. Dr. Müge Ersoy KART, Doç. Dr. Fatma YILDIRIM olmak üzere tüm AÜSBF ÇEEİ bölümü üyelerine, bu dönemde gösterdikleri büyük fedakarlıklardan dolayı sevgili eşim Nehir BORLUK ve oğlum Kuzey BORLUK'a teşekkür ederim.

aileme…

ÖZET

Bölgelerarası gelir dağılımı analizleri, bir ülkede bir dönem boyunca oluşan gelirin ülkenin bölgeleri arasında ne şekilde dağıldığı sorusuna cevap aramaktadır. Gelirin dağılımı, bir süreç olduğundan, bu sürecin hangi faktörler tarafından etkilendiğinin belirlenmesi ve sürecin sonucunun nasıl gerçekleştiğinin tespiti önemlidir. Gelir dağılımı analizlerinde ele alınan parametre kişi başına gelirdir. Kişi başı gelirin, incelenen dönem sonunda, incelenen birimler bazında yakınlaşması yakınsama, uzaklaşması ise ıraksama olarak tanımlanmaktadır. Görece zengin bölgelerin, yoksul bölgelerden ıraksaması gelir dağılımında adaletsizliği artırmaktadır. Bu kapsamda sürece etki eden faktörler ve sürecin sonuçları önemli politika girdileridir. Bu alanda dünya çapında çok zengin bir literatür söz konusudur. Bu literatür kapsamında yakınsama/ıraksama analizlerinde ortak teknikler gelişmiştir. Bu tekniklerin en önemlileri beta ve sigma analizleridir. Bu çalışma kapsamında Türkiye için literatürle tutarlı gelir dağılımı yakınsama/ıraksama analizleri gerçekleştirilmiş olup, 2004 sonrası dönem için ortaya çıkan gelir dağılımında bozulmanın ya da ıraksamanın dinamikleri tespit edilmiştir. Çalışma iki kısımdan oluşmaktadır. İlk üç bölümde literatürde öne çıkan yakınsama/ıraksama dinamiklerinin neler oldukları ve etkileri incelenmiştir. Sonraki üç bölümde ise teknik analizler gerçekleştirilmiştir. Sonuç olarak Türkiye için verisi mevcut yıllarda ortaya bölgelerarası gelir dağılımı ıraksama sonucu çıkmış olup, gerçekleştirilen analizlerde, ıraksama dinamiklerinin literatürle tutarlı sonuçlara yol açtıkları tespit edilmiştir.

ABSTRACT

Inter regional income distribution alaysis seeks an answer to the question how income is distributed among regions in a given period. Since distribution of income is a process, it's important to determine, how and by which factors, this process is affected. The parameter which is taken into account is income per capita. The case in which difference between income per capitas is decreasing is called convergence vice versa is called divergence. The injustice in income distribution increases as relatively rich regions diverges from relatively poor regions. From this perspective, determining the factors affecting the process and interpretation of results of the process are important policy inputs. There is a rich literature on this area worldwide. This literature has developed the main techniques used in convergence/divergence analysis. Most important of these techniques are beta and sigma convergence analysis. In this Phd thesis, convergence/divergence analysis for Turkey has been conducted, which are consistent with the worldwide literature, and for period after 2004, the factors of divergence has been determined. This thesis is consisted of two main parts. In the first three chapter monographic work on the factors of convergence has put through, the following three chapters focus on technical analysis. As a result, for the years whose data are available, the divergence of income between regions has been determined and the factors which are proved to be the dynamics of convergence are consistent with the relevant literature.

İçindekiler:

Tablo Dizini:

GİRİŞ

Küresel ekonomik yapı içinde bazı ülkeler daha zengin ve bazı ülkeler daha yoksuldur. Bu durum temel iki soruyu öne çıkarmaktadır. Bu sorulardan ilki "neden zengin ülkeler daha zengin ve yoksul ülkeler daha yoksuldur?". Bu sorunun ardından cevap bulması gereken diğer bir soru, "yoksul ülkeler ile zengin ülkeler arasındaki fark azalmakta mıdır, artmakta mıdır?".

Zengin ülkeler ile yoksul ülkeler arasındaki farkın varlığı ve zaman içindeki değişimi, uzun süredir devam eden teorik bir tartışmanın temelini oluşturmaktadır. Bu sorunsalın üzerinde yapılan tartışmalarda çeşitli görüşler ortaya çıkmakla birlikte, tüm görüşlerin ortak paydası ekonomik büyüme ve ekonomik büyümenin dinamikleridir.

Ekonomik büyüme modern ekonominin en fazla üzerinde durduğu kavramlardan biridir. Ekonomik büyümenin dinamikleri diğer pek çok ekonomik parametre üzerinde etkilidir. Büyümeyi etkileyen dinamikler sonuç olarak gelir seviyesindeki farklılıkları da etkilemektedir.

Bir ekonomi diğer ekonomilere kıyasla neden daha hızlı büyür, ya da bir ekonomi neden eş değer kaynaklarla daha yavaş büyür sorularının cevabı temel bir bilinmeyendir. Büyüme oranları arasındaki farkların kaynakları, bu farkları ortaya çıkaran dinamikler ekonomik anlamda benzer pek çok sorunun da cevabını oluşturmaktadır.

Ekonomik büyüme, ekonominin tüm değişkenleri ile karşılıklı etkileşim içindedir. Büyüme oranları, ekonomideki başarım değerleri olduğu kadar dinamizm göstergesi olma niteliğini de taşımaktadır. Örneğin ekonomide büyüme sonucu, kullanılabilir kaynaklar arttığından, toplam yatırım ve istihdamın artması beklenir. Diğer yanda da, yatırımlar ve istihdamın arttığı durumlarda ekonominin büyümesi beklenmektedir. Ekonomik büyüme diğer ekonomik parametrelerle iki yönlü ilişki içinde bulunduğundan, hedef değişken niteliği taşımaktadır. Hemen tüm ekonomi politikaları için başarı göstergesi ya da performans göstergesi olarak ekonomik büyüme oranları kullanılmaktadır.

Büyüme alanında en önemli bilinmeyenlerden biri, ülkeler/bölgeler arası büyüme oranları arasında oluşan farklılıklardır. Büyüme oranları arasında bir fark oluştuğunda, bir bölge diğer bir bölgeden hızlı büyüdüğünde, bahsi geçen iki bölge arasındaki gelir düzeyleri arasındaki fark da değişmektedir. Eğer hızlı büyüyen bölgenin başlangıç gelir düzeyi daha düşük ise, bir yakınsama olgusundan bahsedilmektedir.

Yakınsama kavramı genel olarak, bölgelerarasında ya da ülkeler arasında gelir düzeyleri arasındaki farkın azalması olarak tanımlanmaktadır. İki bölge arasında, gelir düzeyleri arasındaki farkın azalmasının tek yolu, daha düşük gelir düzeyine sahip bölgenin daha hızlı büyümesidir. Daha hızlı büyüyen bölge başlangıçta daha yüksek gelir seviyesine sahip bölge ise, o durumda yakınsama olgusundan değil ıraksama olgusundan söz edilmesi gerekmektedir.

Yakınsama konusunda oluşan geniş literatürde, altı yakınsama çeşidi tanımlanmaktadır. En yaygın kullanılan iki tanım σ-yakınsaması ve β-yakınsamasıdır. Bu tanımlardan σ-yakınsaması, zaman içinde, gelir düzeyleri arasındaki dağınıklığın, standart sapmanın, azalmasını ifade eder. Başka bir anlatımla yoksul ülkelerin, zengin ülkelere kıyasla daha hızlı büyüdükleri durumu ifade etmektedir (Williamson,1996). Diğer tarafta β-yakınsaması ise başlangıç gelir düzeyleri ile büyüme oranları arasında ters yönlü bir ilişkinin varlığını ifade eder (Sala-i Martin,1996). Literatürde geçen diğer yakınsama türlerinden olan mutlak yakınsama koşulsuz bir şekilde bölgelerarası gelir düzeyleri arasındaki farkın azalmasıdır. Koşullu yakınsama, bölgelerarası gelir düzeyleri arasındaki farkın azalmasında/azalması için, bölgelerarasında, yatırım düzeyleri, nüfus artış oranları vb. parametrelerin benzerliği durumunda/şartıyla ortaya çıkan yakınsama durumudur. Kulüp yakınsaması, koşullu yakınsamanın toplu olarak, bir bölge (ya da ülke) grubu tarafından gerçekleştirilmesi durumudur. Benzer ya da yakın kararlı durum düzeyine sahip olan bölgelerin, kendi aralarında kulüp yapıları oluşturması ve aynı kararlı durum düzeyine hareketle birbirlerinin gelir düzeylerine yakınsaması durumudur. Polarizasyon, zengin bölgelerin kendi aralarında, yoksul bölgelerin kendi aralarında, kulüp yakınsaması gerçekleşmesi durumunda, gelir skalasının iki ucunda toplulaşma, "gelir düzeylerinde kutuplaşma" yaşanması durumudur (Galor,1996).

Yakınsama süreci, düşük gelir düzeyine sahip bölge ile yüksek gelir düzeyine sahip bölgenin gelir düzeyleri arasındaki farkın azalması olduğundan, yakınsama doğrudan büyüme ile ilgili bir süreçtir. "Yakınsama dinamikleri" bu açıdan ekonomik büyüme dinamikleri ile ya aynı olmalı ya da çok yakın ilişki içinde olmalıdır.

Yakınsama olgusunun ekonomik büyüme sürecinin sonuçlarından biri olması, yakınsama dinamiklerini daha önemli hale getirmektedir. Yakınsama dinamikleri üzerine teorik tartışmalar bu açıdan, ciddi bir temel üzerinde yürümektedir. Yakınsama olgusu üzerine yürütülen tartışmalarda, büyüme temelli çeşitli teorik yaklaşımlar biraz daha ön plana çıkmaktadır. Solow'un içsel büyüme teorisi başta olmak üzere Neo-Klasik büyüme teorileri, büyüme oranları arasındaki farkları açıklama konusunda yapılan teorik tartışmaların çoğunun temelini oluşturmaktadır. Keynesyen, Post-Marksist, Kaleckien vb pek çok başka yaklaşım da bu tartışmalara çeşitli alanlarda katkıda bulunmaktadır.

Ülkeler arasında kişi başına gelir düzeyleri arasındaki açığın daralması ya da açılmasının pek çok farklı etkenin sonucu olduğunun altı çizilmelidir. Ele alınan parametre kişi başına gelir parametresi olduğundan, bir diğer anlatımla toplam gelirin toplam nüfusa oranı olduğundan sadece ekonomik büyüme bu parametreyi etkilemediği görülmektedir. En temel değişim oranı oluşturan pay ve paydadaki değişimden kaynaklanabilecektir. Örneğin payı oluşturan gelir, arttığında –ekonomik büyüme durumunda - kişi başına gelir artacaktır. Gelir artışından daha hızlı artan oranda nüfus artışı gerçekleşir ise, kişi başına gelir oranı azalacaktır. Kişi başına gelir temelli alınan ekonomik büyüme üzerinde, ekonomide üretilen toplam gelirin etkisi pozitif, nüfusun etkisi negatif olacaktır.

Ekonomiler dinamik yapılar olduğundan, "nüfus artışının" yalın etkisi negatif olmakla birlikte ekonomilerdeki etkisi çok yönlü olabilecektir. Artan nüfus farkını oluşturan topluluğun üretim gücü belli bir seviyenin üzerinde olursa, nüfusun artışının kişi başına gelir üzerindeki negatif etkisi azalabilecek hatta pozitif bir etki söz konusu olabilecektir. Bu durumda nüfusun artan kısmının ekonomik üretkenliği önem kazanmaktadır. Bir başka anlatımla nüfustaki artış tek başına bir belirleyici değildir. Nüfusun toplam üretim gücündeki artış önemlidir.

Toplam üretim açısından bir diğer önemli parametre, ekonomideki sermaye stoğunun büyüklüğü ve üretkenliğidir. Nüfusa benzer bir şekilde, sermaye stoğu arttıkça toplam üretimin de artması beklenir. Solow'un içsel büyüme teorisi de sermaye birikimini büyümenin temeli kabul etmektedir. Başka bir bakış açısından da, sermaye birikimi, yeni yatırımlar yoluyla gerçekleştiğinden, daha yüksek bir teknoloji seviyesi ve dolayısıyla da daha üretken bir sermaye stoğu söz konusudur.

Üretimin temel iki bileşeni olan sermaye ve işgücü, üretim üzerindeki yegâne belirleyiciler değildir. Ekonomilerin yapısal özellikleri, uygulanan ekonomi politikaları gibi değişik etkenler de büyüme üzerinde belirleyici etkilere sahiptirler.

Ülkeler/bölgeler arasında büyüme performanslarının farklılığının temelinde yatan etkenler, büyüme üzerinde etkili olan faktörlerin etki farklarından kaynaklanmaktadır. Bu faktörlerin tekil ele alınarak analiz yapılması yanlış sonuçlara ulaşılmasına neden olabilecektir. Örneğin göç alan iki bölge arasında büyük büyüme farklılıkları oluşabilir. Bu farkın altında, kolektif bir şekilde, sermaye stoğunun büyüklüğü ve üretkenliği, göçle nüfusa katılan emeğin üretkenliği, uygulanan ekonomi politikası ve kurumsal yapıların büyümeye etkilerinin farklılıkları olabilir.

Ekonominin temel ilişkilerinden olan tasarruflar ve yatırımlar arasındaki pozitif ilişki, büyümenin temel tetikleyicilerinden bir diğerinin de tasarruf olduğunu göstermektedir. Tasarruf gelirin bir bölümü olduğundan, tasarrufların artması için gelirin artması gerekmektedir. Tasarruflar arttıkça, yatırıma dönüşebilecek kaynak artmaktadır. Bu kaynakların yatırıma dönüşmesi halinde büyüme gerçekleşmektedir. Yatırıma dönüşen kaynaklar daha önce de bahsi geçtiği üzere, sermaye stoğunu artıracaktır.

Yakınsama alanında ilk çalışmalar, "yakalama" fenomeni üzerine geliştirilmiştir. Aleksander Gerschenkron (1952) gibi iktisat tarihçileri, "gerideki" ülkelerin, zengin ülkelerden daha hızlı büyümeye eğilimli olduğunu, bu durumda gelir düzeylerinde bir yakınlaşma olduğunu test eden hipotezler kurmuşlar. Bu yakınlaşma yakınsama olarak adlandırılmıştır. Doğal olarak büyüme hızı ile ilgili olan yakınsama olgusu, büyüme olgusu ile yakından ilişkilendirilmiştir. Daha sonra yapılan ampirik çalışmalarda, örneğin William Baumol (1986) çeşitli ülkeler arasında yakınsamayı ispat ederken, çeşitli ülkeler arasında da böyle bir durumun olmadığını ortaya koymuştur. (Gerschenkron ve Baumol'den aktaran Jones, 1998)

Yakınsama üzerine yapılan tartışmalar ve oluşan literatür çok çeşitli sonuçlar ortaya koymaktadır. Ancak temelde bulguların iki ana başlık altında toplanabileceği görülmektedir. Birinci grupta, Ravallion (2003)'deki gibi, bulgular, ülkeler ve bölgelerarasında mutlak yakınsama olduğunu göstermektedir. Bu bulgularla ilgili temel sorun dar ülke örneklemleri üzerine yapılmış analizler olmasıdır. Neoklasik büyüme teorisi de benzer bir sonucu desteklemektedir. Neoklasik büyüme teorisine göre, benzer nüfus artış oranına, teknoloji düzeyine ve yatırım oranına sahip ülkelerin yakın kararlı durum düzeyleri olduğundan, belli bir zaman içinde benzer gelir seviyelerinde birbirlerine yaklaşmaları beklenir (Jones,1998). İkinci grupta ise farklı sonuçlar gözlemlenmektedir. Geniş ülke örneklemleri analiz edildiğinde, neoklasik büyüme teorisinin önerdiği birbirine yakın kararlı durum seviyelerinin belli ülke grupları için geçerli olduğu, bu ülke gruplarının birbirlerine yakınsadığı gözlemlenmiştir. Ben David (1997) çalışmasında, benzer kararlı durum seviyelerine sahip ve birbirlerine yakınsayan bu ülke gruplarının yakınsama olgusunu "kulüp yakınsaması" olarak tanımlamıştır. Gruplar arasında, nüfus artış oranı, teknoloji düzeyi ve yatırım oranları arasında var olan fark, grupların yakınsamamasına, aksine ıraksamasına neden olmaktadır. Bu durumda, kişi başına gelir skalasında, üstte birbirlerine yakınsayan bir grup, ortada ve altta birbirlerine yakınsayan diğer grupların varlığı söz konusu olmuştur. Bianchi (1997) çalışmasında, gelir skalasında oluşan bu kutuplaşmayı "polarizasyon" olarak tanımlamıştır. Ortaya çıkan durum ise ikili bir yapıyı/"bimodalite"yi göstermektedir.

Tespit edilen durum ister mutlak yakınsama, ister grup/kulüp yakınsaması olsun, ortaya çıkan durumun gerekçeleri temelde aynıdır. Yakınsama olgusu, bir büyüme farklılığı sonucu olduğundan, yakınsama/ıraksama dinamikleri, büyüme dinamikleri ile ya aynıdır ya da doğrudan ilişkilidir.

Yakınsama için gerekli olan şartlardan ilki, öndeki ülkeyi yakalayacak olan arkadaki ülke ile öndeki ülkenin benzer, yakın bir kararlı durum seviyesine sahip olma gerekliliğidir (Jones,1998). Bunun için daha önce de belirtildiği üzere, benzer nüfus artış oranlarına, benzer teknoloji düzeylerine ve benzer yatırım oranlarına sahip olunması gerekir. Ayrıca Solow'un temel denklemlerinden[1] de çıkarılabileceği gibi, benzer tasarruf oranları ve benzer sermaye amortisman oranlarının da mevcudiyeti gereklidir. Solow'un önerdiği

---

[1] $\Delta K = sY - (n + d)K$ (Sermaye stoğundaki değişim, tasarruf oranından (s) olumlu, nüfus artış hızı (n) ve amortisman (d) oranından olumsuz etkilenmektedir. Sermaye stoğundaki pozitif değişim büyüme sonucunu doğurmaktadır.

üzere, teknoloji seviyelerinin yakın olması, özellikle üretkenlik açısından önemlidir. Solow'un modeline üretimin diğer faktörü olan işgücü ile ilgili katkı Romer'den (1986) gelmiştir. Romer, büyüme için anahtar rol oynayan teknoloji kadar, beşeri sermaye birikiminin de önemini ortaya koymuştur. İçsel büyüme modeli bu katkıdan sonra daha zengin ülkelerin bu durumlarına açıklama olarak, daha yüksek fiziksel sermaye yatırım oranları ve daha büyük oranda zamanın eğitim ve beşeri sermaye birikimine ayrılmasını ortaya koymuştur. Yeni fiziksel sermaye yatırımlarının daha üst düzey bir teknolojiyi, daha eğitimli işgücünün daha üst düzey bir üretim becerisini ifade etmesinden dolayı, model büyümenin temel anahtarı olarak verimliliği belirlemiştir. Toplam faktör verimliliğin (TFV) artışının büyümenin anahtarı olduğu ortaya koyulmuştur.

Büyüme için, yalnız fiziksel ve beşeri sermaye birikimin artırılması ve bu yolla TFV'nin artırılmasının yeterli olmadığı, ekonomilerde alt yapıların, kurum-kural ve regülasyonların da belirleyici olduğu kabul gören bir yaklaşımdır (Acemoğlu vd,2001 ve Jones, 1998) . Yapısal farklılıklar, diğer tüm parametreler eşit olduğunda ortaya çıkan büyüme farklılıklarının temelini oluşturmaktadır. Yapısal farklılıklar, başlangıç gelir düzeyleri arasındaki farklılıkların da gerekçesidir.

Yakınsama analizlerinde ölçek ülkeden bölge düzeyine indirildiğinde analizlerin perspektifini etkileyen temel bazı değişkenler söz konusudur. Bu değişkenlerin başında, ülkenin büyüme performansı gelmektedir. Bir ülkedeki büyüme performansı arttıkça, ülke içinde gelir dağılımının bozulduğuna ilişkin temel teori, Arthur OKUN (1952) tarafından ortaya koyulan etkinlik/adalet ödünleşimidir (değiş tokuşu/trade off). Bu yaklaşım temel ekonomi denklemlerinden türetilmiştir. Bir ülkenin/bölgenin büyümesi yatırımlarla doğrudan ilişki içindedir. Ekonomideki yatırım miktarı, tasarruflar arttıkça artmaktadır. Bir ekonomide tasarrufların artırılması için, harcama eğilimi daha düşük olan görece zengin kesim lehine, bölüşümde adaletin bozulması gerekmektedir. Böylelikle ekonomi daha fazla yatırım yapabilecek ve daha yüksek oranda büyüyebilecektir. Eşit oranlar söz konusu olmasa dahi, belli bir miktar büyüme performansı fazlası için, belli oranda gelir dağılımı adaletinden vaz geçilmesi gerekmektedir. Bu değiş tokuşun/ödünleşim etkinlik/adalet ödünleşimi olarak bilinmektedir.

Ekonomilerin daha yüksek büyüme için uyguladığı politikalar, etkinlik/adalet ödünleşiminden dolayı ülke içi gelir dağılımını bozma eğiliminde olduğu kadar, bölgelerarası gelir dağılımını belirleyen parametreleri de etkilemektedir. Şöyle ki, ekonomi politikaları daha üretken sektörleri destekler nitelikte olduğunda, o sektörlerin yoğun olduğu bölgelere göç ve yatırım yoğunluğu yaşanabilecektir. Bu durum söz konusu avantajlı bölgelerin diğer bölgelerden daha hızlı büyümesine neden olacak ve bölgelerarası ıraksama olgusu ortaya çıkacaktır.

Bu çalışma, Türkiye'de bölgelerarası gelir dağılımı yakınsama ve ıraksama dinamiklerini belirleme amacını taşımaktadır. Çalışmanın test ettiği temel hipotez; Türkiye'de bölgeler düzeyinde, ekonomik yapılar, büyümenin temel dinamikleri, nüfus ve demografik yapılardaki değişimler vb etkenler farklı olduğundan *"bölgelerarası yakınsama yoktur"*'dur. Bu kapsamda yapılacak parametrik analizlerde kullanılacak değişkenlerin kapsamı, literatürün öne çıkardığı değişkenlerle kısıtlanmıştır. Bu değişkenler bölgelerarası ekonomik büyüme farklılıkları üzerinde en çok etkili olan şu değişkenlerdir:

1. Sermaye Birikimi, Yatırımlar ve TFV
2. Nüfus, Göç ve Beşeri Sermaye
3. Kamusal Politika Etkileri
4. Ekonomik Yapılar (kırsal yapı/modern üretim yapısı)

Bu kapsamda yapılacak parametrik analizler marifetiyle, Türkiye'de bölgelerarası yakınsama/ıraksama dinamiklerinin belirlenmesi ve etki güçlerinin saptanması amaçlanmaktadır. Yalnız nicel analizlerin değil yoruma dayalı nitel analizlerin de, yakınsama/ıraksama dinamiklerinin belirlenmesinde önemli rolü olacaktır.

Çalışmada öncelikle gelir elde edilmesinde, bahsi geçen değişkenlerin etkileri incelenmektedir. Sonraki aşamalarda, gelirin dağılımında bu değişkenlerin etkileri incelenmektedir. Amaç, gelirin elde edilmesinde ve dağılımında benzer değişkenlerin benzer etkilere sahip olduğunun ortaya koyulması ve bu yolla bir sonraki bölümde yakınsama/ıraksama dinamikleri olarak bu değişkenlerin etkilerinin analizleridir. Çalışmanın ikinci kısmı Türkiye üzerine nicel analizler ve bunların yorumlanması üzerine kurulmuştur. Çalışmanın birinci kısmında ele alınan faktörlerin, Türkiye için yapılan nicel analizler bölümünden elde edilecek sonuçlarla yakınsama/ıraksama dinamiklerinin tespiti sağlanmıştır.

I. KISIM: LİTERATÜR BULGULARI

1. GELİRİN ELDE EDİLMESİ

Gelirin elde edilmesi, gelirin dağılması için ön koşuldur. Gelirin gruplar arasında dağılması için önce grupların ya hepsi ya da bir bölümü tarafından elde edilmesi gerekmektedir. Gelir ancak, ekonomik faaliyetler sonucu elde edilebilir. Üretim yapılması gelir elde edilmesi açısından tek başına yeterli değildir. Üretimin piyasada değerini bulması durumunda ortaya bir gelir çıkmaktadır. Bölgelerarası gelir elde edilmesinde etkili olan faktörler, bölgelerarası gelir dağılımı farklılaşmasının temel nedenlerini de oluşturmaktadır. Hiçbir kamusal müdahalenin olmadığı durumda, daha çok gelir elde eden bölge başlangıç konumuna göre daha az gelir elde eden bölge/bölgelerden, gelir bazında uzaklaşacaktır. Aradaki gelir farkı artacaktır (başlangıç durumuna göre tersi durum da geçerlidir). Dolayısıyla gelir elde etme düzeylerindeki farklılıkların nedenleri, bölgelerarası gelir dağılımı yakınsama/ıraksama dinamiklerini de oluşturmaktadır.

1.1 Gelirin Oluşma Süreci

Gelir dağılımının nasıl ve ne şekilde gerçekleştiği gelirin oluşma süreci ile doğrudan ilişkilidir. Gelir bir ekonomik değer olarak ele alınırsa, bir değerin dağıtılması için önce yaratılması gereklidir.

Gelirin elde edilme süreci, gelir yaratıcı ekonomik aktivitenin gerçekleşmesi ile başlar. Tarihsel olarak, pazarda, değer bulması beklenen mal ve hizmetler kâr güdüsüyle üretilmektedir. Oluşan bu kâr, üretim sonucunda kazanç elde etme arzusunda olan ve üretim sürecini gerçekleştirmek için, emeği, üretim araçlarını, girdiyi oluşturan mal ve hizmetleri vd bir araya getiren sermaye sahibinin, üretim süreci sonucunda elde ettığı değerdır. Emek de bu süreç içinde, ücret olarak bir gelir elde eder. Üretim sürecine dâhil olan diğer faktörler de gelirden pay alırlar. Yine de üretim sürecinde oluşan ağırlıklı iki gelir kaleminin kâr ve ücret olduğunun kabulü yanlış olmayacaktır.

Üretim tek başına gelir elde edilmesi için yeterli değildir. Üretilen mal ve hizmetin, pazarda değerini bulması gereklidir. Bu durum da ekonomide taleplerin toplamı ile ilişkilidir. Ekonomide taleplerin toplamı, üretim süreçleri sonucunda üretilen mal ve hizmetlere olan taleplerin toplamı olduğundan, bu değişken arttıkça, üretim süreçleri sonucunda ortaya çıkan mal ve hizmetlerin gelire dönüşme oranı artar. Elde edilen gelirin, taleplerin toplamına bağlı olması kadar, talep de gelire bağlıdır. Bireylerin harcanabilir gelirleri arttıkça, toplam talep artacaktır. Dolayısıyla, talep, üretim ve gelir neden/sonuç ilişkisinde bir döngü oluşturmaktadır.

Talep-üretim-pazarda değer bulma (satış) sonucunda elde edilen gelir diğer tüm maliyetleri aştığında üretim döngüsü devam eder. Üretim döngüsü devam ettiği sürece de gelir oluşmaya devam eder. Maliyetleri aşamayan üretim süreçleri sonlanmak durumundadırlar. Ekonomik rasyonalite, kâr güdüsü, üretimin temelinde yatan etkendir. Üretim rasyonaliteye uyduğu sürece devam edecek, gelir oluşma süreci de kendini tekrarlayacaktır.

1.2. Gelirin Elde Edilme Sürecinde Yapısal Özelliklerin Önemi

Bölgelerarası ekonomik gelişmişlik farklılıkları gelirin elde edilme sürecinde oluşan farklılıkların başlıca nedenleri arasında bulunmaktadır. Bunun nedeni, ekonomik gelişmişlik farklılıklarının toplamının bölgelerarası kaynak tahsisi etkinsizliğinin ölçütü olmasıdır. Bölgelerarası ekonomik gelişmişlik farklılıklarının pek çok doğal, politik ya da sosyo-ekonomik nedeni olabilir. Ancak sonuç olarak ekonomik gelişmişlik farklılıkları, diğer ekonomiyle ilgili faktörlerle beraber değerlendirildiğinde, kapalı döngülerin merkezi oldukları görülmektedir.

Ekonomik yapılar arasındaki farklılıklar gelir elde etme kapasiteleri arasındaki farklılıkların başlıca açıklayıcısıdır. Bir bölgenin daha gelişmiş bir ekonomik yapıya sahip olması, daha fazla gelir elde etme kapasitesinin göstergesi olacaktır. Bunun nedenleri gelişmiş ekonomik yapılarda, modern üretim teknikleri sayesinde, üretimde etkinliğin yüksek olması, birim maliyetlerin düşük olması ve pazarın geniş olmasıdır. Daha az gelişmiş ekonomik yapılarda, özellikle daha geleneksel üretim yapan yapılarda, üretimde etkinlik düşük olacak, maliyetler daha yüksek olacak, üretimin devamı ve etkinliğin artırılması için temel değişken olan katma değer düşük olacaktır. Bu yüzden, ekonomik açıdan gelişmiş bölgeler, daha da gelişme eğiliminde iken, az gelişmiş bölgeler daha da gerileme eğilimindedirler. Bir diğer anlatımla, bölgelerarası gelişmişlik farklılıkları, ekonomik yapıların farklılaşmasına neden olacaktır. Ekonomik yapıda farklılıklar arttıkça, daha etkin üretim yapmakta olan gelişmiş bölgeler daha hızlı büyüyecekler, dolayısıyla daha yüksek gelir elde edeceklerdir.

Bu açıdan bölgelerarası gelir dağılımı analizlerinin başlangıç noktasında, ekonomik yapıların farklılığının önemi büyüktür. Bölgelerarasında oluşan gelir üretme farklılıkları, başka yollarla (kamusal müdahaleler gibi) giderilemediği durumlarda gelir üretme potansiyeli/gücü farkı da bölgelerarasında artarak devam edecektir.

1.3. Gelirin Elde Edilmesinde Sermaye Birikiminin Etkisi

Üretim temel fonksiyonunda işgücü ile birlikte temel bileşen sermaye, elde edilen gelir düzeyi için de belirleyicidir. Genel varsayım sermayenin işgücüne oranla daha üretken olduğudur. Bu açıdan sermaye yoğun üretimlerin daha verimli olduğu, emek yoğun üretimlerin ise daha az verimli oldukları kabul edilmektedir.

Sermaye stoğu artışları, üretime daha verimli üretim süreci dönüşümü olarak etki etmektedir. Sık kullanılan örneklerden olan, tarımda insan gücünün makinelerle ikame edilmesi sonucu ortaya çıkan verimlilik artışları bu durum için temel örnek olarak gösterilebilir.

Sermaye birikiminin üretime ve gelir oluşmasına etkisi sınırsız değildir. Sermaye birikiminin de, işgücü hacminin de üretim süreçlerinde optimum bir düzeyi söz konusudur. Bu düzey aşıldığında, azalan verimler yasası işleyecek ve hem sermayenin hem de işgücünün verimi düşecektir.

Sermaye birikimi açısından optimum düzeyin altında kalan tüm sermaye stoku düzeyleri, üretim gücü kaybı söz konusu olduğundan, etkinlik kaybı olarak nitelendirilecektir. Oluşan etkinlik kaybı, gelir açısından ele alındığında, elde edilebilecek gelirin kaybı anlamına gelmektedir.

Bir firmanın, bir bölgenin ya da bir ülkenin ulaşabileceği en üst üretim sınırında olmaması durumu etkinsizlik durumudur. Etkinsizlik durumunda, firma, bölge ya da ülke üretim fonksiyonu tarafından tanımlanan en üst düzey üretim seviyesine ulaşamama durumu söz konusudur. Bu düzeye ulaşabilmek için sermaye birikimi önemlidir.

Sermaye birikiminin bir diğer önemli etkisi, işgücü verimliliğini de arttırmasıdır. Belli bir işi düşük teknolojili düzeyde yapan işgücü yerine, aynı işi ileri teknoloji ile gerçekleştiren işgücü, üretim sürecinde yer almaktadır. Bu durumda, daha verimli üretim gerçekleşmekte, işgücünün verimliliği arttığından, işgücü açısından da elde edilen gelir artmaktadır.

Sermaye birikiminin belki de en önemli etkisi teknoloji düzeyleri üzerindeki etkisidir. Sermaye birikim süreci, sürece son katkıda bulunan yatırımların, yeni teknolojiyi sürece dahil etmesine neden olmaktadır. Artan teknoloji seviyesinin etkileri çok yönlüdür. Öncelikle teknoloji seviyesinin artması ile hem sermaye hem emek verimliliğinin artması beklenir. Ancak daha önemli bir etki, üretim fonksiyonun dışa doğru kaymasıdır. Bir diğer anlatımla, ceteris paribus, aynı süreçlerin daha yüksek düzeyde üretim sonucu doğurmasıdır. Bu durum elde edilebilecek gelir düzeyinin de artması anlamına gelmektedir.

Sermaye birikim sürecinin, sermaye genişlemesi ile birlikte sermaye derinleşmesi durumunu da ortaya çıkarması, elde edilebilecek geliri artırma sonucunu doğuracaktır. Emek başına düşen sermaye stoğu arttıkça, Solow'un temel büyüme denklemine göre, üretim artacak ve yeni bir düzeyde gerçekleşecektir.

Sermaye birikiminin tek belirleyicisi yatırımlardır. Yatırım düzeyleri arttıkça sermaye birikimi sağlanacaktır. Yatırım düzeylerinin sermaye birikimine katkıda bulunması için, tekrarla, yatırım miktarının, sermaye amortisman oranı ve nüfus artış oranını aşması gereklidir.

Daha farklı bir açıdan anlatılırsa, bir bölge için gelir oluşturma kapasitesi, zaman içinde artan nüfus ve biriken amortisman ile azalmaktadır. Bu azalışın engellenmesi ya da gelirde artış için, en az, elde edilebilecek gelirde oluşan gerileme oranında sermaye birikiminin sağlanması gereklidir. Bu oranda yatırıma ihtiyaç duyulmaktadır.

1.4. Nüfusun Gelir Üzerindeki Etkileri

Gelirin üretilme ve dağılma süreçlerinde önemli faktörlerden arasında nüfus ve nüfusu doğrudan etkileyen göç olgusu bulunmaktadır.

1.4.1. Nüfusun Büyüklüğünün Önemi

Bir ekonomideki toplam gelir düzeyi, sermaye, işgücü ve teknoloji tarafından belirlenen üretim fonksiyonu sonucu belirlenmektedir. Bu bileşenler arasında bulunan işgücü doğrudan nüfusa bağımlı bir değişkendir. Nüfus arttıkça, nüfusun çalışmaya elverişli kesimi olan aktif nüfus da artmaktadır.

Daha fazla işgücü, eğer istihdam imkanı sağlanırsa, daha fazla toplam üretim anlamına gelmektedir. Dolayısıyla, nüfus artışı istihdam ile desteklenir ise üretim seviyesi ve toplam gelir artacaktır.

1.4.2. Göçün Çok Yönlü Etkileri

Göç olgusu ise, nüfusa etkileriyle benzer ancak göçe zorlayan nedenlerle farklı etkilere sahiptir. Göç, göç veren ekonomilerde nüfusun azalmasına bunun sonucu olarak da üretimin düşmesine neden olabilmektedir.

Göç alan ekonomilerde ise durum tümüyle farklıdır. Yoksulluk ve yoksunluk nedeniyle göçe kalkan gruptan göç alan ekonomilerde, bu grubun ekonomiye katkısı şartlara bağlı olmakla birlikte, çok büyük ihtimalle düşük olacaktır. Statüleri gereği sosyal ve ekonomik dışlanma tehdidi altında yaşayan göçmen grupları, göç alan ülkelerdeki gelir dağılımını da bozacak etkiye sahip olacaklardır.

Daha yüksek gelir arayışındaki yüksek nitelikli işgücü göçü alan, "beyin göçü" olarak nitelendirilmektedir, ekonomilerde, üretim olumlu etkilenecek ve toplam gelir artacaktır. Verimlilik artışları ve üretim tekniklerindeki yayılma tüm ekonomide yukarıya doğru bir kayma meydana getirecektir. Beyin göçüyle gelen gruba uygulanacak ücret politikaları ve genel maliye politikaları ise göç sonucu ortaya çıkacak gelir dağılımı tablosunu şekillendirecektir.

Hecksher-Ohlin ticarette karşılaştırmalı üstünlükler modeline göre, yüksek teknolojiye sahip ülkeler, daha fazla ücret sunmak suretiyle diğer ülkelerdeki yüksek verimliliğe sahip işgücüne çekmektedirler. Bu durum, daha ileride olan ülke ile göç veren ülke arasındaki üretim farkını artırmaktadır. (Eicher, 1999)

Özetle, beşeri sermaye birikimi ile büyüme arasında doğrudan güçlü bir ilişki olduğundan, teorik olarak "beyin göçü" olgusu göç veren ülkede, ekonomik büyümeyi olumsuz etkileyecektir. Diğer yanda, göç veren ülkelerde, gelir elde etme kapasitesindeki dağınıklık azaldığından, gelir dağılımında bir iyileşme beklenmekteyken, yapılan modelleme çalışmaları, tam tersi bir durumu ortaya koymaktadır. Beyin göçü veren görece yoksul ülkelerde, ücret farklılaşması artmaktadır (Beine vd, 2001). Bu durumun gerekçeleri daha ileri analizleri gerekli kılmaktadır.

Göç olgusunun bir diğer etkisi ise, göç eden nüfusun ana ülkeyle olan ekonomik bağlarıdır. Çok genel bir değerlendirme yapılır ise, göç eden bireyler, misafir eden ülkede elde ettikleri ekonomik kazançlarının bir kısmını ana ülkeye transfer etmektedirler. Bu ekonomik kaynak göç veren ülkenin göç sonrasında elde ettiği kazanımlardan biridir.

Göç veren ülkelerin elde ettiği bir diğer kazanım ise, tersine göçlerde yaşanmaktadır. Tersine göçlerde, ana ülkeye dönen göçmenler, beraberlerinde hem ekonomik varlıklar hem de birikmiş beşeri sermaye getirmektedirler. Bu durum hem yatırım hacminin ve istihdam fırsatlarının artmasına hem de üretimde verimlilik artışlarına neden olabilecektir. Bir diğer anlatımla, göç sonrası yaşanan tersine göç genellikle üretim hacminin artmasına neden olmaktadır.

Göçün ekonomik büyüme üzerine etkileri ya da göç ekonomik büyüme ilişkisi irdelendiğinde ilişkinin iki yönlü olacağı beklentisi teorik olarak söz konusudur. Göç, ekonomik büyüme üzerinde etkili olurken, ekonomik büyümenin de göç üzerinde etkisi söz konusu olacaktır. Bunun nedeni, üretimin ana faktörlerinden birinin işgücü olmasıdır. Teorideki bu beklenti yapılan çeşitli ampirik çalışmalarda kısmen yanlışlanmıştır. Yapılan bazı ampirik çalışmalar göre, göçün ekonomik büyüme üzerinde istatistiksel olarak anlamlı bir etkisi tespit edilemezken, ekonomik büyümenin göçü tetiklediği sonucuna ulaşılmıştır (Morley, 2006). Bir diğer anlatımla, göç sonucu, göçü alan veya veren ülkede - ya da bölgede - ekonomik büyümenin, nedensellik analizine göre, etkilenmediği tespit edilmiştir. Diğer tarafta, göçün nedenleri arasında, ekonomik büyümenin olduğu da doğrulanmıştır. Göç ile ekonomik büyüme arasında tek yönlü bir nedensellik ilişkisi bulunmaktadır. Bu analizin gelir üretim süreci için ex-ante bir analiz olduğunun altı çizilmelidir. Süreç içinde, göçün işgücüne katkısı ile üretimi olumlu yönde etkilemesi beklenmelidir. Üretim faktörleri arasında en önemli rollerden birine sahip olan işgücünün göç yoluyla artması, üretim hacmini artıracaktır. Göç ile işgücüne katılan nüfusun, yerel işgücüne göre çok daha düşük seviyelerde verimliliğe sahip olması durumunda bile bu durum geçerli olacaktır. Zamanla, göç ile yeni gelen nüfus yerel işgücü verimlilik seviyelerine ulaştığında, üretime katkısı çok daha yüksek olacaktır. Ex-post analizde, göç ve üretim ve ekonomik büyüme arasında karşılıklı ilişki olduğu sonucuna ulaşılacaktır.

Göçün çok yönlü etkileri ele alındığında da, bazı ampirik çalışmalar göstermektedir ki, göç olgusu işsizlik oranını anlamlı düzeylerde etkilemezken büyüme üzerinde olumlu etkiler göstermektedir. (Huber, Tondl, 2012)

Göçün bir diğer etkisi de, göç alan bölgede genişleyen işgücü havuzu ve artan verimlilik oranlarıdır. Bu açıdan yakınsama/ıraksama ancak göç alan bölgenin durumuna bağlıdır. Göç alan bölge, üzerindeki bölgelere yakınsar iken aşağısındaki bölgelerden ıraksar. Bir diğer anlatımla koşullu yakınsama söz konusudur. (Huber, Tondl, 2012)

1.4.3. Demografik Yapının Önemi

Demografik yapının değişmesi ve nüfusa yönelik bazı parametrelerdeki değişiklikler de ekonomik büyüme üzerinde etkili olmaktadır. Bu duruma örnek doğurganlık oranındaki değişimlerin etkileridir.

Ancak doğurganlığın artmasının etkileri sadece olumlu olmamaktadır. Beşeri sermaye birikimi açısından en önemli yere sahip olan eğitim malı doğurganlık artışlarından etkilenmektedir. Doğurganlığın artmasıyla, eğitim malının dağılımı bozulmakta. Bu durum beşeri sermayeyi olumsuz etkilemektedir. (Dahan, Tsiddon, 1998)

Benzer biçimde yaşam beklentisinin artması da ekonomik büyümeyi etkiler gözükmektedir. 1740 sonrası verilere dayanılarak yapılan bir ampirik çalışmaya göre yaşam beklentisindeki 13 yıllık artış, yıllık büyüme oranını 1,4 puan artırmaktadır. (Boucekkine vd, 2001)

Nüfusun niteliği ve nüfusun yaşam koşulları ekonomik büyüme üzerinde doğrudan etkiye sahiptir. Sağlıklı bir fizyolojik yapı ve toplumsal olarak bu durumun yaygınlığı, işgücü verimliliğini etkilemektedir (Fogel, 1994). İş gücü verimliliği sonuç olarak ekonomik büyümeyi etkilemektedir.

1.5. Kamu Politikaları

Gelirin oluşma sürecinde kamu harcama ve vergi politikaları tüm piyasaları şekillendirerek sürece yön vermektedir. Kamunun teşvik sistemi ile yatırımları özendirmesi yatırım hacmini artırarak gelir üretimini olumlu etkileyecektir. Yine istihdama yönelik sübvansiyonlar, istihdam ve üretim düzeylerini artırıcı etkiye neden olacaklardır.

Vergi sisteminin regresif yapıda olması (bozucu nitelikte), gelir düzeyi yüksek kesimlerin daha fazla harcanabilir gelire sahip olması sonucunu doğuracaktır. Gelir düzeyi yüksek kesimlerin harcama eğilimleri düşük, tasarruf eğilimleri yüksek olduğundan, ekonomideki toplam tasarruf hacmi artacaktır. Yatırıma dönen tasarruflar da üretim düzeyini artıracaktır.

Kamu harcama politikaları ve kamu gelir politikaları gelirin elde edilme sürecinde etkin ve önemlidir. Kamu, özellikle yatırımlar ve transferler yoluyla, ekonomideki toplam talep, istihdam, yaratılan toplam gelir gibi değişkenleri doğrudan ya da kuvvetli bir şekilde dolaylı olarak etkileyebilmektedir.

Toplam talebin bir diğer bileşeni olarak kamu harcamaları gelir ile karşılıklı bir ilişki içindedir. Bu alanda, etki yönü ve kuvveti daha karmaşık süreçlerle belirlenmektedir. Kamu harcamaları, öncelikle kamu gelirlerine bağlıdır. Kamu gelirleri de toplam gelir ve vergileme yapısına bağlıdır. Vergi yapısı, tüketimi vergilemeye yönelik, dolaylı vergiler ağırlıklı olur ise, vergi yükü, yukarıda belirtilen nedenlerden ötürü, tüketim eğilimi fazla olan görece yoksul kesimin üzerinde olur. Bu durum için bozucu (regresive) vergi yapısı tanımı kullanılmaktadır. Tanımından da anlaşılacağı üzere, gelir dağılımını bozucu bir etkiye sahiptir. Vergi yapısı, gelir düzeyine duyarlı bir yapıda olur ise, çok gelir sahibinden daha fazla vergi, az gelir sahibinden daha az vergi alınacaktır. Bu durum, vergi yükünü görece zengin kesimler üzerine yükleyecektir. Bu çeşit vergilemeye, düzeltici (progresive) vergileme denilmektedir. Gelir dağılımını düzeltici etkiye sahip dolaysız vergilerin ağırlıklı olduğu bir sistemdir.

Kamu gelirlerinin hangi normatif yaklaşımla elde edileceğinin kararı, doğrudan gelir dağılımını etkilemektedir. Dolaysız vergilerin ağırlıklı olduğu sistem, gelir dağılımında adaleti sağlamanın yanı sıra toplam talep bileşenlerinden, tüketim harcamalarını artırma sonucunu doğuracaktır. Diğer yanda, dolaylı vergilerin ağırlıkta olması, gelir dağılımı bozduğu kadar, tüketim harcamalarını da kısacaktır. Görece zengin kesimin üzerindeki vergi yükü azalacağından, toplam tasarruf artacak, bu tasarruflar yatırıma dönüşecektir. Yerel tüketim harcamalarındaki kısılma bir realite olarak dururken, yatırıma dönüşen tasarrufların, üretim süreçleri sonucunda değer üretebilmesi için bazı şartların gerçekleşmesi gereklidir. Bunlar:

1. Yatırımlar sonucunda, verimlilik artışlarının sağlanması ve fiyat seviyesinin düşmesi.

2. Yatırımlar sonucunda, istihdamın artması ve tüketim harcamalarının artması.

3. Verimlilik artışlarını izleyen ücret artışları yoluyla tüketim harcamalarının artması.

4. Dış talebin atması.

2. GELİRİN DAĞILIMI

Gelir dağılımı, ülke içinde üretilen ekonomik değerin alt grup olarak kişiler, bölgeler, üretim faktörleri veya sektörler arasındaki dağılımıdır. Gelir dağılımı ölçütleri adalet temelli yapılmaktadır. Her bir alt grup arasında gelirin adil dağılımdan ne kadar uzak olduğunun belirlenmesi gelir dağılımı ölçüm tekniklerinin temelini oluşturmaktadır. En yaygın yöntemler, "tam adil gelir dağılımı doğrusu" ile nüfusun kümülatif oranının elde ettiği kümülatif gelir oranını gösteren "Lorenz Eğrisi" arasında kalan alanın büyüklüğünün belirlediği GİNİ katsayısı ile Kuznetz sabitidir. Ayrıca yüzdelik gelir dilimlerinde en yüksek dilim ile en düşük dilim arasındaki oran da önemli bir gelir dağılımı adalet ölçütüdür.

Gelirin bölgelerarası dağılımı, bölgelerin yeniden gelir elde etme potansiyellerinin de belirleyicisidir. Gelirin gelir grupları arasındaki dağılımına benzer şekilde, gelirin bölgelerarası dağılımı bir sonraki dönem üretim farklılıklarının temel belirleyicisidir. Daha fazla gelir elde eden bölgeler daha fazla yatırım hacmine ulaşma şansına sahip olacaklardır. Daha fazla yatırım, daha etkin üretim, daha verimli işgücü ve sermaye ile daha üst düzeyde bir istihdam anlamına gelmektedir. Belli bir dönemde daha fazla gelir elde eden bölgelerin sonraki dönemde daha fazla gelir elde etme konusunda avantajlı olacağı tespit edilmelidir.

Bölgelerarası gelir dağılımı dinamiklerini etkileyen faktörlerin başında, bölgelerin ekonomik yapısı gelmektedir. Az gelişmiş bölgelerin gelir elde etme kapasitelerinin daha düşük olması beklenmelidir. Bir bölgenin az gelişmişliğinin belirgin özellikleri bulunmaktadır. Bu özelliklerin bazıları şunlardır (Durmuş, 2003):

1. Tarım Sektörünün Ekonomide ve İstihdamdaki Ağırlığı ile Önemsiz İşlerin Yaygınlığı

2. Sermaye Birikimi Düzeyinin Düşüklüğü

3. Hızlı Nüfus Artışı

4. Aleyhte Seyreden Dış Ticaret Hadleri

5. Yüksek İşsizlik Oranı

6. Bozuk Gelir Dağılımı

7. Yetersiz Beslenme ve Kötü Sağlık Koşulları (Das Gupta, 1993'den aktaran Durmuş, 2003)

Gelir dağılımı tartışmalarında pareto denge genelde göz ardı edilen bir alandır. Pareto denge durumu basitçe bir bireyin (ya da grubun/bölgenin vb) durumunun daha kötü hale getirilmeden bir diğer bireyin durumunun daha iyi hale getirilememesi durumudur. Bir denge halidir. Bu tanımda geçen "durum", pek çok farklı kavramı içerebilir. Yalnızca gelir ve servet gibi maddi unsurlar bu kavram altında içerilebileceği gibi, ölçülemeyen sosyal refah bu "durumun" içeriğinde yer alabilir.

Gelir dağılımının bölgelerarası farklılıklar göstermesinin önemli bir nedeni de bölge nüfuslarının farklı sosyal refah fonksiyonlarına sahip olmalarıdır. Bir bölge nüfusu için çok önemli olabilen bir gelir unsuru başka bir bölge nüfusu açısından eşit öneme haiz değilse, bu unsurun karşılaştırılmasının tek başına yeterli olmayacağı açıktır.

Bölgelerarası gelir dağılımı karşılaştırmalarında, pareto ilkesi gereği değişimde etkinlik şartının sağlanması gerekmektedir. Bir diğer anlatımla, elde edilen gelir ile satın alınan tüm malların tüm bölgelerde eşit marjinal ikame oranlarına (MRS) sahip olmaları gerekir. Aksi durumda, pareto dengesinden söz edilemez ve sosyal refahın artması veya azalması durumu ortaya çıkabilir. Böyle bir durumda da gelir dağılımının da etkilenmesi kaçınılmaz olacaktır[2].

---

[2] Örneğin, tarım yoğun bir bölgede traktör ile otomobil arasındaki MRS 1 olduğu varsayılsın. Tarımın az yoğum olduğu bir bölgede ise bu oranın 3 olduğu yani 3 traktörün 1 otomobile eşit olduğu varsayılsın. Birinci bölge 1 otomobil ve 1 traktöre sahip (MRS 1 olduğundan 2 traktöre), ikinci bölge 1 otomobil ve 3 traktöre (MRS 3 olduğundan 2 otomobile) sahip olsun. Birinci bölge MRS oranı ve traktör sayısı bazında gelir dağılımı ikinci bölgenin (6 traktör) birinci bölgeden (2traktör) 3 kat fazladır. Eğer birinci bölge ikinci bölgeye sahip olduğu otomobili vererek karşılığında 3 traktör alırsa, ikinci bölgenin sosyal refahı otomobil bazında aynı kalırken (2Otomobil) birinci bölge traktör bazında 2 kat zenginleşecektir (2 traktörden 4 traktöre). Sosyal refah bütün olarak artacak, gelir dağılımı aynı

Pareto denge için ikinci koşul, bölgelerarasında malların üretiminde marjinal teknik ikame oranının (MRTS) eşit olmasıdır. Üretimde bölgelerarası MRTS farkı olduğunda, bir çeşit rekabetçi üstünlük ortaya çıkmaktadır. Bu durumda da yine, bir bölgenin refahı değişmeden diğer bölgelerin refahının değişmesi söz konusu olabilecektir. Pareto dengenin son koşulu ise MRS=MRTS eşitliğinin sağlanmasıdır. Bu koşul sağlandıktan sonra üretimde etkinliğin sağlandığı varsayılmaktadır. Tüketimde etkinliğin sağlanabilmesi için de göreli fiyat oranının MRS=MRTS'ye eşit olması gerekir. Başka bir anlatımla $P_{X,Y}=MRS_{X,Y}=MRTS_{X,Y}$ olmalıdır. Ancak üretim ve tüketimde ortaya çıkabilecek dışsallıklar (çevre kirliliği, yaşam kalitesi vs gibi) bu denge durumunda bozucu etkiye sahip olacaklardır.

Pareto dengesinin bölgelerarası gelir dağılımı açısından önemli rolü söz konusudur. Bir ülkede eğer toplam gelir veri ise, gelir dağılımındaki tüm durumlar pareto denge durumunu ifade eder ve bu tüm durumlar ihtimal olarak sınırsızdır. Gelir dağılımının, veri toplam gelir içinde, değiştiği her durum pareto dengenin bozulması durumudur. Bir grubun durumu diğer bir grubunun durumunun bozulmasıyla iyileşebilmektedir. Ancak oluşan her yeni durum da pareto denge durumu olacaktır. Gelir dağılımı düzenlemelerinde amaç, sınırsız pareto denge noktaları arasında, sosyal refahın en yüksek olduğu noktanın bulunmasıdır.

2.1. Gelir Dağılımında Yapısal Özelliklerin Belirleyiciliği

Ülkeler arası gelir dağılımı analizlerinde ortaya çıkan gelir dağılımının belirleyicilerinden olan ekonominin yapısal özellikleri, bir diğer anlatımla üretim gücünü belirleyen, kurum, kültür, regülasyonlar vb, (Acemoğlu,2001 ve Jones, 1998), bölgelerarası gelir dağılımı dinamikleri arasında da en etkili faktörler arasındadır. Bir bölgenin ekonomik yapısı, karakteristik yapısal özellikleri ve bazen Acemoğlu vd (2001) ortaya koyduğu üzere, coğrafi konumu gibi etkenler bölgelerin üretim güçleri arasındaki farkın açıklayıcıları olabilmektedir. Sınır ticaretine yakın bölgelerin, Meksika'nın ABD sınırındaki bölgeleri gibi, sadece daha gelişmiş bir komşu bölgeye sahip olmak, diğer

---

kriterlere göre % 50 oranında düzelecektir. Bu açıdan MRS gelir dağılımı açısından önemli bir belirleyicidir.

bölgelerden daha fazla gelir elde edilmesi için yeterli olabilmektedir. Yine benzer şekilde, Türkiye için özellikle uluslararası liman bölgeleri gibi, dış ticaret avantajına sahip bölgelerin daha fazla gelir elde etme fırsatları ve bu durumun şekillendirdiği yapısal özellikler, bölgelerarası yakınsama/ıraksama dinamikleri arasında önemli bir yere sahiptir.

Bir bölgenin, örneğin dış ticarete yönelik üretim yapması ve ekonomik yapısının bu yönde evrilmesi, sadece iç pazara üretim yapan bölgelerden daha farklı olarak daha rekabetçi daha verimli ve daha kaliteli üretim yapar duruma gelmesine neden olabilmektedir. Böylelikle daha geniş bir pazar imkanına sahip olan bölgenin, bu imkanlara ve yapıya sahip olmayan bölgelere göre daha fazla gelir elde etmesi sonucunu doğurur.

Ülkeler arası analizlerde, Kuzey Güney arasındaki gelir farklarının incelenmesinde kullanılan tarihsel yaklaşım, emperyalizm ve ticari üstünlükler üzerine kurulmuştur. Baldwin vd (1998), çalışmasına göre, daha fazla ticari serbestliğin yakınsama olgusuna neden olduğu savunulmaktadır. Bunun nedeni olarak, faktör ve ürün fiyatlarında birbirine yakınlaşma olması gösterilmektedir. Yine aynı çalışmada, gözlemlenen sömürülen ülke/sömüren ülke arasındaki gelir farklılığının artma nedeninin emperyalizm olgusundan çok, sömüren gelişmiş ülkenin düşük ticaret maliyetlerinden kaynaklandığı savunulmaktadır. (Baldwin, Martin, Ottaviano, 1998)

Bölgelerarası analiz için Baldwin vd önerdiği yakınsama ancak ticaret yapan bölgenin, dış ticaretin diğer tarafı olan yabancı ülke bölgeleriyle yakınsaması sonucunu doğurabilir. Ülke içinde ise, dış ticarete açıklık dereceleri arasındaki farklar, faktör ve ürün fiyatlarında oluşacak farklar nedeniyle ıraksama etkisine sahip olacaktır.

Aynı çalışmada ıraksamanın entegrasyonun yoğunlaşması ve ticaret maliyetlerinin buna bağlı düşmesiyle azaldığı savunulmaktadır. Bu sonuç söz konusu karşılaştırılan ekonomilerin, ekonomik entegrasyon içinde bulunmaları durumunda yakınsama olgusunun ortaya çıkacağını da göstermektedir (Baldwin, Martin, Ottaviano, 1998). Bölgesel ya da küresel entegrasyon içinde bulunan ülkelerde, bölgelerarası gelir farklılıklarının, dış ticaretin gereklilikleri nedeniyle (verimlilik, rekabet vb), azaldığı sonucu da bu ve benzer çalışmaların önermeleri arasındadır.

Yakınsama olgusunun ortaya çıkabilmesi için, yakınsayan ekonomik yapıların birbirlerine benzer olması gerekmektedir. Aksi takdirde serbest ticaretin yakınsamadan daha çok ıraksama sonucu doğurması söz konusu olacaktır. Çeşitli bulgulara gore yapısal olarak birbirine benzemeyen ülkeler arasındaki ticari serbestleşme ıraksamaya neden olmaktadır. Ticari serbestleşme teorik olarak yakınsamayı da ıraksamayı da tetikleyebilir. Hangisinin tetikleneceği, ticaretin yoğun yapıldığı ülkenin ekonomik yapısına ve faktör fiyatları arasındaki farka bağlıdır (Slaughter, 1998). Benzer yapılara sahip ülkeler arası ticaret, faktör fiyatlarını eşitlemek yoluyla yakınsama olgusuna katkıda bulunmaktadır (Slaughter, 1997).

Bir ülke içinde, dış ticaret serbestleşmesi sonrasında, bölgelerarası gelir dağılımı farklılaşmasının temel nedeni, Slaughter'in çalışmasında (1997) ortaya koyduğu gibi, dış ticareti yoğun olan bölgenin yapısal dönüşümü ve faktör fiyatlarında ortaya çıkan farklılaşma olacaktır.

Ülkenin ekonomik yapısındaki, tüm bölgeler için geçerli olan, kimi özellikler bölgelerarası gelir dağılımını doğrudan etkilemektedir. Geniş kapsamlı ampirik çalışmalarda, örneğin Barro'nun 1996 tarihli çalışmasındaki gibi, yakınsama olgusunun ekonomik yapıdan etkilendiğini başka parametreler üzerinden ispat etmektedirler. Örnek olarak kamunun ekonomi içindeki büyüklüğü bu parametrelerden biridir. Kamu tüketim harcaması arttıkça yakınsama azalmaktadır. Bunun sebebi, kamu harcamalarının verimsiz olması ve bu harcamaların, vergi yoluyla, verimli yatırımlara gidebilecek kaynakları da etkisiz hale getirmekte olmasıdır. (Barro, 1996)

Ekonomik yapı/bölgelerarası gelir dağılımı ilişkisinde, ekonominin dışa açıklığı, belli bölgeler üzerinde ticaretin yoğunlaşmasına neden olmakta ise, o bölgeler açısından avantaj oluşturmakta ve ıraksama olgusunu tetiklemekte; ekonomik entegrasyon sonucu toplu bir rekabet gücü ve faktör fiyatlarında yakınlaşmaya neden olmaktaysa, bölgelerarası yakınsama olgusunu tetiklemektedir. Yine ekonomide, kamunun ağırlığı, beklenildiğinin aksine yakınsamaya değil ıraksamaya neden olmakla birlikte, ekonomik etkinlik kaybına da sebep olmaktadır.

2.2. Gelir Dağılımında Sermaye Stoğu ve Niteliğinin Önemi

Bölgelerarası gelir farklılaşmasının önemli bir diğer nedeni, bölgelerarası sermaye stoğu ve sermayenin teknoloji düzeyleri arasındaki farklardır. Sermaye, işgücü ile birlikte, üretimin ana faktörlerinden olduğundan, sermaye stokları arasındaki farklar, bölgelerarası üretim farkının nedenini oluşturmaktadır. Ayrıca üretimin sermaye yoğun ya da emek yoğun olması da, sermaye yoğun üretimin daha yüksek verimlilik düzeyine sahip olması nedeniyle, bölgelerin üretim gücünü ve büyüme kapasitesini belirlemektedir. Sermaye yoğun üretim yapan, daha yüksek sermaye stoğuna sahip bölgelerin daha hızlı büyümesi beklenir. Bölgelerin başlangıç gelir düzeyleri arasındaki farkın da nedenleri arasında gösterilebilecek sermaye stoğu, bu bağlamda, gelir dağılımındaki farklılaşmanın temel nedenlerindendir. Ayrıca sermaye stoğundaki artışların, teorik olarak daha yüksek bir teknoloji seviyesi ve daha verimli bir üretim yapısı anlamına geldiğinin altı çizilmelidir. Dolayısıyla, başlangıç gelir seviyeleri aynı olduğu varsayılan iki bölge arasında, sermaye stoğundaki artış farklılıkları ıraksama dinamiğidir (sermayenin azalan verimler yasasının artan teknoloji düzeyi ile telafi edildiği varsayımıyla).

Sermayenin üretim üzerinde etkisi iki yolla gerçekleşmektedir. Birincisi, hacim olarak büyümesi, üretimi doğrudan artırmaktadır. Diğer bir yol da teknolojik olarak daha ileri düzeyde olması, verimlilik artışları yoluyla üretimi artırmaktadır.

Sermayenin oluşma süreci, üretim ihtiyaçlarına bağlıdır. Sermaye pazardaki talebe cevap verme ihtiyacı sonucu birikme eğilimi göstermektedir. Daha fazla talep, daha fazla üretim, daha fazla üretim ise daha fazla oranda kullanılan üretim faktörü anlamına gelmektedir.

Sermaye birikiminin sağlanabilmesi için, üretim maliyetlerinin üzerinde bir gelir elde edilmesi gerekmektedir. Bu gelirin artık kısmının yatırıma dönüşmesi sermaye stokunu artıracaktır. Bir diğer anlatımla, sermaye stoğundaki artış ile gelir karşılıklı ilişki içindedirler. Yatırım sermaye stokunun birikmesinin en önemli yoludur. Yatırımı etkileyen tüm faktörler, sermaye stokunun hacmini de doğrudan etkilemektedirler. Yatırımların etkinliği, oluşan fazla mali varlığın, ne ölçüde yatırıma dönüştüğü ile ilgilidir. Mali sermaye ne oranda fiziki sermayeye dönüşebildiyse o oranda etkin bir yatırım olduğu sonucuna ulaşılabilir. Diğer yanda ekonomik etkinliğin en önemli bileşenlerinden olan tahsis etkinliği tümüyle başka bir durumu ifade etmektedir. tahsis etkinliği, yatırımların en üretken alanlara en optimal şekilde dağılmasının oranıdır. Kaynakların etkin tahsisinde fiyat mekanizması belirleyicidir ancak genel kabulün aksine, bir ekonomide, teknoloji veri iken, kaynak tahsisinde etkinlik için faiz oranının, sermayenin marjinal verimliliğine eşit olma zorunluluğu bulunmamaktadır. (Malinvaud, 1953)

Gelirin yatırıma dönüşme sürecinde gelir dağılımı ve tasarruf oranları en önemli rolü oynamaktadır. Yatırım hacminin muhafaza edilebilmesi için ekonomideki tasarruf oranlarının korunması gereklidir (Mason, 1988). Gelirin kimin tarafından elde edildiği, gelirin süreç sonunda neye dönüşeceğinin belirleyicisi olacaktır. Gelir tasarruf eğilimi yüksek görece zengin kesimler tarafından elde edildiğinde, daha büyük hacimde bir kaynak tasarruflara ayrılacaktır. Toplam tasarruflar, mali sektör aracılığıyla, üretim sürecine etki eden yatırımlara dönüşecektir. Tasarruf oranının ekonomik faaliyetlerden elde edilen kâra da bağlı olması, özellikle bölge düzeyinde kâr oranları, gelir dağılımı ve büyümenin karşılıklı etkileşim halinde olması sonucunu doğurmaktadır. (Pasinetti, 1962)

Diğer yanda, gelir tasarruf eğilimi düşük, harcama eğilimi yüksek görece yoksul kesimler tarafından daha fazla elde edildiğinde, daha düşük gelir seviyesine sahip bölgeler tarafından elde edildiğinde, tüketim malı vb alanlarda harcanacaktır. Temel iktisat denkleminde yatırım miktarı ekonomideki tasarruf miktarına bağlıdır. Bu sonuç, yatırımların artması için geliri görece zengin kesimlere daha fazla aktarmanın gereğini savunmaktadır. Ancak diğer bir yaklaşıma göre de, harcama eğilimi yüksek tasarruf eğilimi düşük görece yoksul kesimlerin, pazarda tüketim harcaması yapmaları toplam talebi artıracağından, yatırımlar da taleple paralel artacağından, gelirin yoksul kesimlere daha fazla akması yatırımlar üzerinde olumlu etkiye sahip olacaktır. Her iki yaklaşım için de doğru ve sorunlu tarafların varlığının kabulü gerekmektedir.

Ancak kesin olan bir ekonomik gerçeklik, sermayeye dönüşen mali kaynağın tasarruflardan aktarılmakta olduğudur. Ekonomideki toplam tasarruf oranı, basitçe, gelir gruplarının tasarruf oranlarının ağırlıklı ortalaması oluğundan gelir dağılımı ile doğrudan ilgilidir (Pasinetti, 1962). Bölgelerarası gelir elde etme farklılıklarının altında da bölgelerarası tasarruf hacmi farklılıklarının yattığı tespiti yanlış olmayacaktır.

Mali sermayenin fiziksel sermayeye dönüşmesinde çeşitli piyasa dışı güçler etkin olmaktadır. Mali sermayenin fiziksel sermayeye dönüşme sürecinde, kaynak tahsisi sadece piyasa güçlerine terk edildiğinde, kaynaklar etkin dağılamamaktadır. Bunun gerekçesi en genel olarak, üretilen ürünlerdeki farklılıklardır (Arrow, 1962). Günümüz iktisat koşullarında, genellikle kaynak tahsisi piyasa güçlerine terk edilmektedir. Kamunun teşvik politikalarının etkinsizliği sonucu, kaynak tahsis etkinsizliği de ortaya çıkmaktadır. Piyasa güçleri bölgelerarası kaynak tahsisi süreçlerinde, başlangıç gelir seviyesi yüksek bölgelere kaynak tahsisini yönlendirmektedir. Bu durum, bölgelerarası gelir farklılaşmasının derinleşmesine neden olmaktadır.

Kaynak tahsisinde oluşacak etkinsizlikler, ekonomide tekelleşmeden, ürün çeşitliliğinde azalmaya kadar pek çok etkiye sahiptir. Ekonomik tekelleşme ya da benzeri ekonomik yapılar, başta fiyatlar olmak üzere pek çok alanda olumsuz etkiye sahip olacaktır. Ayrıca üretimde kullanılan faktör fiyatları da bu etkinsizlikten olumsuz etkilenecektir.

Diğer yanda fiyat ve faktör fiyatlarında tam denge düzeylerine ulaşılması için de süreçlerin piyasa güçleri tarafından belirlenmesi gerekmektedir. Ancak piyasa her zaman mükemmel işlemediğinden ve ortaya piyasa aksaklıkları çıkabildiğinden sürecin yalnız piyasa güçlerine bırakılması arzu edilmeyen sonuçlar doğurabilecektir. Teoride, tam işlevsel piyasalarda, fiyatlar ve faktör fiyatları dengeye ulaştığında kaynak tahsisinde de tam etkinliğe ulaşıldığı kabul edilmektedir. Piyasa aksaklıklarının varlığı durumunda, fiyatlar, faktör fiyatlarında denge ile kaynak tahsisinde etkinlik için kamusal müdahale gereklidir.

Sermaye stokunun birikimi, yatırım oranları, gelir elde etme üzerinde tek başına yeterli olmamaktadır. Kaldor'a göre (1961), sermaye stoku büyüme hızının, bölge düzeyinde dahi olsa ekonomik büyümeyi şekillendirebilmesi için şu altı varsayımın gerçekleşmesi gerekmektedir:

1. Üretimin herhangi bir aşamasında ölçeğe göre sabit getiri.
2. Teknik ilerlemenin olmaması ve girdi katsayılarının her faktör için sabit kalması.
3. Tam rekabet koşulları.
4. Tüm kârın tasarruf edildiği ve tüm ücretlerin tüketim harcamasına dönüştüğü.

5. Sermaye ve emeğin üretim sürecinde rekabet eden faktörler değil, tamamlayan faktörler olması.

6. Sabit ücrette, sınırsız işgücü varlığı. (Kaldor, 1961)

Kaldor'un ortaya koyduğu varsayımlar, gerçek ekonomiler açısından zayıf varsayımlardır. Gerçek ekonomilerde, üretim aşamalarının başlangıcında ölçeğe göre artan, daha sonraki aşamada ölçeğe göre sabit ve bir noktadan sonra ölçeğe göre azalan getiriler söz konusudur. Ayrıca sürekli bir teknik ilerleme ve dolayısıyla da girdi katsayılarının her faktör için sürekli değişkenliği söz konusudur. Gerçek ekonomilerde tam rekabet koşullar sağlanamamaktadır. Yine gerçek hayatta, tüm kâr tasarruf edilmezken, tüm ücretler de harcanmamaktadır. Kârın harcanan kısmı ile ücretlerin tasarruf edilen kısmı arasında da birebir bir ilişki bulunmamaktadır. Gerçek üretim süreçlerinde, sermaye ve emek her zaman tamamlayıcı faktörler olmadıkları gibi, genellikle sermaye emeği ikame edici bir role sahiptir. Son olarak da işgücü arzı, ücret değişimlerine bağlıdır. Sabit ücrette sınırsız işgücü varlığı gerçek ekonomilerde söz konusu olmamaktadır.

Ancak Kaldor tarafından ortaya koyulan varsayımların ekonomik gerçeklikte söz konusu olan karşılıkları bölgelerarası gelir dağılımı farklılaşmalarının da temellerini oluşturmaktadır. Örneğin, sabit ücrette, daha fazla işgücüne sahip olan bölge daha hızlı büyüyecektir. Yine daha fazla kârdan tasarruf edip, ücretin daha büyük oranını harcayan bölge daha hızlı büyüyecektir. Söz konusu varsayımlar üzerine benzer örnekler çoğaltılabilir.

Yatırım oranları arasındaki farklılıklar, sermaye stoğu büyüme hızı ve sermayenin niteliğinin başlıca etkisi, teknoloji düzeyi değişimi varsayımıyla, verimlilik üzerindedir. Gelir dağılımının yakınsama/ıraksama dinamikleri arasında en etkili olan faktörlerden biri de, bu nedenle, verimliliktir. Verimlilik, emeğin verimliliği ve sermayenin verimliliği ile toplam faktör verimliliği (TFV) yoluyla büyüme üzerinde belirleyici olduğundan, yakınsama/ıraksama dinamikleri arasında yer almaktadır.

OECD'ye üye ülkelere yönelik kimi analizlerde, gelir farklılığının nedeninin verimlilik olduğu tespit edilmiştir. (Durlauf, 1996)

1950-90 arası verilere göre yapılan bir incelemede, AB içinde en az üç yakınsama klübü olduğu, bu grupların, başta verimlilik ve işsizlik olmak üzere çeşitli etkenlerle birbirlerinden ayrıldıkları ortaya çıkmıştır. Bir diğer anlatımla, yakınsama kulüplerini oluşturan başlıca faktörler, verimlilik ve işsizliktir. (Fagerberg, Verspagen, 1996)

Verimlilik açısından önemli bir olgu işgücü devridir. Bu devir, faktör fiyatlarından kaynaklanabildiği gibi, faktör hareketliliğinden de kaynaklanabilir. İşgücü devir hızı arttıkça, "düzeltme maliyeti" olarak adlandırılabilecek, verimli işçinin kaybı ile verimsiz işçinin eski işgücünün verimlilik seviyesine ulaşıncaya kadar neden olduğu üretim kaybı ortaya çıkan en önemli maliyetlerdendir (Basu, 2001). Faktör hareketliliği, yakınsama olgusuna olumlu katkıda bulunmaktayken, bu ve benzeri maliyetler nedeniyle de büyüme üzerinde olumsuz etkilere neden olmaktadır.

2.3. Gelir Dağılımında İşgücünün Önemi ve Beşeri Sermayeyi Etkileyen Faktörler

Üretim fonksiyonun temel bileşenlerinden bir diğeri emek, yani insan faktörüdür. İnsan faktörü üzerinde etkili tüm etkenler, üretimi dolayısıyla gelirin oluşmasını etkilemektedir. Tıpkı fiziksel sermayede olduğu gibi, emeğin de hacmi ve niteliği/üretkenliği değişkenlik göstermektedir. Diğer tüm parametreler sabitken, bölgelerarası gelirin büyümesindeki farklılığın temel sebebi, işgücü hacmi ve işgücü niteliği arasındaki farktır. Romer (1986), çalışmasında, Solow'un içsel büyüme teorisine katkı olarak beşeri sermayenin önemini öne sürmüştür. İnsan sermayesinin niteliğindeki artışın, tıpkı teknoloji düzeyi gibi gelirin büyüme farklılığının sebebi olacağını ispatlamıştır. İnsan sermaye üzerine yapılan yatırım, eğitim yoluyla bilgi ve beceri kazanması ve istihdam sürekliliği ile işgücünün veriminin artacağı kabul edilmektedir. İşgücü hacmi ve niteliği, başlangıç gelir seviyelerinin de belirleyicisi olduğundan, bölgelerarası gelir dağılımı yakınsama/ıraksama dinamikleri arasında önemli bir yere sahiptir.

İşgücü hacmini belirleyen temel parametre nüfustur. Nüfus artışı, üç yönlü etkiye sahiptir. Artışa neden olan nüfus bölümü, ya nüfusun diğer bölümü seviyesinde gelir üretme kapasitesinde olacaktır, ki bu durumda kişi başına gelir değişmeyecektir, ya daha yüksek ya da daha düşük gelir üretme kapasitesine sahip olacaktır, her iki durumda da sırasıyla kişi başına geliri artıracak ya da azaltacaktır. Nüfus artışı, bu etkiler göz önüne alındığında, bölgelerarası gelir dağılımı farklılıklarını doğrudan etkilemektedir.

2.3.1. *Göçün Etkileri*

Ülke içi göç genellikle kırsal kesimden kente göç şeklinde gerçekleşmektedir. Bunun nedeni, kırsal kesimde yaygın olan "geleneksel sektör"'ün, genellikle tarımdır, kentsel kesimde yaygın olan "modern sektör"'e göre daha az katma değer yaratmasıdır. Bu durum bireylerin gelirlerini düşük tutmaktadır. Daha fazla gelir arayan bireyler kırsal kesimden kente göç etme tercihi yapmaktadırlar.

Kırdan kente göç, genellikle "modern sektör"'ün ihtiyaç duyduğu işgücünü daha ucuz maliyetle sağlamasına neden olmaktadır. Kırsal kesimden gelen ucuz işgücü kentlerde mevcut olan işgücü ücret seviyelerini aşağı çeken bir etkiye sahip olmaktadır. Bu durum kentte mevcut bulunan işgücünün gelir seviyesini düşürmektedir.

Diğer yanda göçün nedeni eğer işsizlik, yoksulluk ve yoksunluk ise, en alt gelir gruplarından bireyler göç etmektedir. Genellikle bu bireyler işsiz ve üretim gücü dışında ya da düşük gelirle çalışan bireylerdir. Böyle bir durumda, göç veren ekonomi içinde, gelir dağılımının düzelmesinin beklenmesi yanlış olmayacaktır. Eğer göç eden bireyler, üretim süreçleri dışında iseler, üretim seviyesi de bu göç verme sürecinden olumsuz etkilenmeyecektir. Göç eden bireyler göç alan ekonomide de düşük gelir düzeylerine sahip oldukları durumlarda, göç alan ve göç veren ekonomilerin birbirlerine yaklaşması beklenir. Bu durum bölgelerarası göç için de geçerlidir.

Bölgelerarası göç genellikle daha düşük gelir seviyesine sahip bölgeden daha yüksek gelir seviyesine sahip bölgeye doğru olduğundan, Atkinson (2001) çalışmasında da önerdiği üzere, bölgelerarasında gelir farklılıklarının azalmasına neden olacaktır.

Göçün bir başka formu olan, nitelikli iş gücünün göç etmesi durumu vardır. Bu durum "beyin göçü" olarak tanımlanır. Bu çeşit bir göç, göç veren ekonomide yüksek gelir düzeyine sahip bir nüfusun, daha yüksek gelir elde etmek üzere gelir düzeyi daha yüksek ekonomiye göçüdür. Nitelikli işgücü göçü sonrası, göç veren ekonomide kişi başına gelirin düşmesi beklenirken, göç alan ekonomide kişi başına gelirin sabit kalması ya da artması beklenir. Bu durumda da, göç alan ekonomi göç veren ekonomiden ıraksayacaktır. Göç alan ekonomi ile göç veren ekonomi arasındaki, gelir farklılıkları artacaktır. Bu durum bölgelerarası yakınsama/ıraksama dinamikleri analizleri için de geçerli bir olgudur.

Ampirik bulgularda, örneğin Todaro'nun çalışmasından (1969) elde edilen sonuçlar az gelişmiş ekonomilerde kırdan kente göçün, endüstriyel gelişme, verimlilik artışları ve gelirin farklılaşması konularında olumsuz etkiye sahip olduğudur. Ancak bu alanın yoğun bir tartışma alanı olduğunun altı çizilmelidir. Göçün, özellikle kentlerde, gelir dağılımı üzerindeki bozucu etkileri ve diğer olumsuz etkilerinin doğrudan süreçle ilgili olduğu tespiti tartışmalıdır. Todaro'nun bulgularının, az üretken kesimin göç etmesinden sonra göç alan ekonomi için olduğunun tespiti önemlidir. Özellikle gelirin farklılaşması olgusu, göç alan ve göç veren ülke için değil, sadece göç alan ülke içinde söz konusudur. Bölgelerarası analizlerde, kırdan kente göçün, kentsel kişi başına geliri düşüreceğinden hareketle yakınsamayı tetikleyeceği teorik olarak öncelikli beklentidir.

Göçün bir diğer sonucu olan şehirleşme konusu gelir dağılımı altında başka tartışmaların odak noktasını oluşturmaktadır. Bazı çalışmalara göre, şehirleşme, şehirlerin büyümesi, daha fazla işgücünün bir araya gelmesi, ölçek etkinliği ile fiziksel ve beşeri sermayeye yatırımların artmasına neden olmaktadır (Quigley, 1998). Bu durum ekonomik yoğunlaşma olarak da adlandırılmaktadır. Ekonomik yoğunlaşma sonucu; fiziksel ve beşeri sermaye yatırımları arttığı gibi, bir araya gelmiş bulunan işgücü ve diğer üretim güçlerinin ortaya çıkardığı yayılma etkisi de etkili olmaktadır. Ayrıca, beşeri sermaye yatırımları ve yayılma etkisinin işgücü verimliliğini artırdığı teorik olarak kabul edilmektedir.

İsveç için Aronson vd (2010) tarafından yapılan çalışmada, 1970-1995 arasında bölgelerarası yakınsama/ıraksama analizi göstermiştir ki, ortalama gelir bölgelerarası düzeyde değişmiş ve en yüksek düzeyler büyük şehirler çevresindeki alanlarda gözlemlenmiştir. Ancak özellikle kuzey bölgelerde daha düşük gelir seviyeleri gözlemlenmiştir. Nüfus için de benzer durum söz konusudur. Büyük şehirler çevresinde nüfus yoğunlaşması söz konusu iken yine kuzey kesimlerde nüfus yoğunluğu daha düşüktür. 1970 sonrası büyüme trendlerine bakıldığında, göreli daha yoksul bölgeler daha hızlı gelir artışı yaşarken, büyük şehirler çevresindeki nüfus yoğunluğu artmaya devam etmiştir. Merkezi hükümet, çocuk bakımı, sağlık hizmeti, vergi tabanı gibi alanlara müdahale ederek, bölgelerarası eşitsizlikleri gidermeye çalışmıştır. Kişi başına kamu harcaması, geliri düşük bölgelerde artmıştır. Göç ve nüfus yoğunlaşmasıyla ortaya çıkan yakınsama olgusunun temelinde yatan etkenin kamu harcamalarındaki bu artış olduğunun tespiti yanlış olmayacaktır. (Aronson vd, 2010)

Yine aynı çalışma kapsamında kurulan modeller sonucunda ortaya çıkan bulgular şu şekildedir (Aronson vd, 2010):

- Bölgelerarası yakınsamaya dair kuvvetli kanıtlar mevcuttur. Başlangıçta daha yüksek ortalama gelire sahip bölgelerdeki büyüme oranı daha düşük ortalama gelire sahip bölgelerdeki büyüme oranından düşüktür.
- Net göç ile ortalama gelirin büyüme hızı arasında anlamlı bir ilişki bulunamamıştır.
- Beşeri sermaye düzeyinin yüksek olması net göçü olumlu etkilemektedir. Ancak her iki değişkenin de bölgenin ortalama gelirini ne şekilde etkilediğine dair anlamlı bulgular söz konusu değildir.
- Yine doğal kaynak zenginliği, bölgeye net göçü artırmakta ama iki değişkenin de ortalama gelirin büyümesiyle ilgili anlamlı bir ilişki söz konusu değildir.
- Zaman içinde değişmeyen bölgesel özellikler büyüme eğilimini etkileyebilmektedir.
- İşgücü piyasasının yapısı ve istihdam şekilleri büyüme ve göç hareketleri açısından önemli belirleyicilerdir.
- Maliye politikaları uygulamaları sonrası, büyüme ve göç hareketleri etkilenmektedir.

İsveç özelinde ortaya çıkan bu bulgular arasında öne çıkan en önemli sonuç, göçü etkileyen faktörlerin ekonomik büyümeyi de etkilediğine dair bulguların mevcut olmamasıdır. Ancak bu iki ekonomik olgu arasında, tek yönlü bir ilişkinin de varlığı söz konusudur. Bir bölgede gerçekleşen ekonomik büyüme, o bölgeye göçü artırma eğilimindedir. Tersi için yeterli bulgu bulunmamaktadır. Ancak tersi için yeterli bulgunun olmama sebepleri arasında, yetersiz yatırımlar sonucu ortaya çıkan işsizlik olgusu gelmektedir.

Kırsal kesimden kentsel bölgelere göç ilk erimde, kentsel kişi başına geliri düşürerek, yakınsama olgusuna neden olsa da, Deller vd'nin (2001) ortaya koyduğu görüşe göre, göçün bir sonucu olarak kentsel kesimle kırsal kesim arasında gelir farklılaşması olması kaçınılmazdır. Kentsel kesimde, sürekli gelişim, rekabet ve verimlilik artışları yaşanırken kırsal kesimde, bu gelişmeleri zorlayan faktörler aynı oranda etkili olmamaktadır. Ayrıca, Kırsal kesimde yaşayan insanların iyi olma durumu üzerine yapılan bir araştırmaya göre, kırsalda yaşayan insanlar, piyasa dışı edinimleri ve faydaları ile daha "mutlu" olduklarından, daha az çalışma eğilimi göstermektedirler. Dolayısıyla orta ve uzun vadede gelir farklılaşması söz konusu olacaktır.

2.3.2. İnsan Sermayesinin Geliştirilmesi ve Eğitim

Eğitim alanındaki politikalar gelir dağılımını etkileyen faktörler arasındadır. Eğitim beşeri sermayeye katkıda bulunduğundan, işgücü verimliliğini etkilemektedir. Liberal piyasa koşullarında, yüksek beşeri sermayeye, eğitime sahip bireyler daha fazla gelir elde etme şansına sahiptirler.

Ben Habip ve Spiegel'in çalışmasına göre beşeri sermaye büyümeyi doğrudan etkilememekte ancak TFV'ni artırmak suretiyle dolaylı bir etki oluşturmaktadır. (Miller, Upadhyay, 2002)

Bölgelerarası gelir farklılaşmasının bir sonucu olarak, yüksek gelire sahip bölgelerde, gelecekte daha yüksek gelir getirmesi beklenen, eğitime daha fazla kaynak ayrılırken, vergi tabanı da düşük kalmaktadır. Bu durumun nedeni, genellikle vergi politikalarında eğitim harcamalarının istisnalar arasında bulunmasıdır. Belli bir gelir düzeyinin üzerindeki aileler, eğitime daha fazla pay ayırırlarken, daha düşük gelire sahip aileler daha az pay ayırabilmektedirler. Vergi yapısı ne olursa olsun, toplumda oluşan böylesi bir farklılık, zengin kesimlerden elde edilen verginin tabanını daraltmaktadır. (Fernandez, Rogerson, 1998)

Gelir dağılımının kentsel/kırsal farklılaşmasını şekillendiren bir diğer konu da zamanlar arası bireysel beşeri sermaye yatırımları ve gelirin dağılımıdır. Diğer bir anlatımla, bireylerin çocukluk ile erginlik dönemlerinde kendilerine ailelerince yapılan yatırımlar ve bu dönemlerde ürettikleri gelirlerdir. Çocukların ne şekilde işlendirildiği gelir dağılımı açısından önemlidir. Çocuklar, ya basit ve az beceri isteyen işlere yönlendirilmekte, ya da ailenin gelir durumu iyi ise, geleceğe yatırım yapılmakta ve eğitime yönlendirilmektedir. Birinci gruptaki çocuklar, ki bu çocuklar genellikle kırsal kesimde ve tarımla uğraşan ailelere mensupturlar, ergin dönemlerinde de düşük gelirli işlerde çalışmaya devam ederlerken; ikinci gruptaki çocukların gelirleri daha yüksek olmaktadır. (Dahan, Tsiddon, 1998)

Eğitim harcamaları arasında oluşan fark nesiller arası gelirin ıraksama eğilimi göstermesine neden olmaktadır. Eğitim harcamaları, yerel finansman yöntemleri yerine kamu finansmanı ile karşılandığı durumda, nesiller arası gelir dağılımı yakınsama eğilimi göstermektedir. (Fernandez, Rogerson, 1998)

Eğitimin etkileri üzerine yapılan teorik bir çalışmaya göre, göreli yoksul ailelerin gelir düzeyleri belli bir sınırın üzerindeyse, kamu tarafından finanse edilen eğitimin, yakınsama etkisi uzun dönemde çok yüksektir. (Glomm, Ravikumar, 2003)

Bu açıdan bakıldığında yoksullukla mücadele önem arz etmektedir. 1980'ler ve 1990'lar boyumca yakınsama olduğu ve yoksulluğun azaldığına dair veriler söz konusudur. Bu durumun en önemli nedeni, ulusal düzeyde ve başta Dünya Bankası olmak üzere uluslar üstü düzeyde yoksullukla mücadele politikalarıdır. (Jenkins, Micklewright, 2007)

Kuşaklar arası gelir dağılımı, güncel gelir dağılımından, daha az gelişmiş ülkelerde daha fazla etkilenmekte görünmektedir. Daha az gelişmiş ülkelerde, güncel gelir dağılımı aynı zamanda fırsat dağılımını da belirlediğinden, gelecek kuşakların gelir dağılımını da daha fazla etkilemektedir. (Solon, 2002)

Kuşaklar arası gelir farkının nedenlerinden olan eğitim aynı zamanda cinsiyet eşitsizliklerini gidermede de etkilidir. Kadınların eğitim düzeyleri arttıkça, kadın/erkek gelir farklılıkları azalmaktadır. Aynı zamanda, yapılan kimi çalışmalar göstermiştir ki, kadınların eğitimi ile büyüme arasında güçlü olmasa dahi, bir ilişki de mevcuttur. (Barro, 1996)

Dolayısıyla, eğitim özellikle gelişmekte olan ekonomiler için büyük önem arz etmektedir. Gelişmekte olan ülkelerde kazanç farklılıklarının açıklanmasında eğitimin payı, gelişmiş ülkelerdekinden fazladır. Eğitim kadar ebeveynlerin sosyal statüsü de kazanç farklılıklarını açıklamaktadır. (Yumuşak, Bilen, 2000)

Bölgelerarası gelir dağılımı dinamikleri arasında bulunan eğitim, finansman yönüyle, başlangıç gelir seviyesine bağlı olduğundan ıraksama etkisine sahiptir. Daha zengin bölgeler daha fazla eğitim bütçesine sahip olduğundan, daha fazla gelir elde etme eğiliminde olacaklardır. Finansmanın kamu tarafından karşılanan oranının artması ise bölgelerarası gelir dağılımının yakınsamasına neden olacaktır.

2.3.3. *Demografik Yapı, Yoksulluk Sorunu ve Gelir Dağılımı*

Demografik yapının öncelikli belirleyicisi nüfusun hacmi olduğundan, doğurganlık demografik yapı üzerinde büyük etkiye sahiptir. Doğurganlık ile gelir dağılımı arasında ilişki U-şekilli bir dinamiği yansıtmaktadır. Doğurganlık arttıkça, gelir dağılımı bozulmakta, azaldıkça hem gelir dağılımı düzelmekte hem de ekonomik büyüme artmaktadır. (Dahan, Tsiddon, 1998)

Gelir dağılımı açısından önemli bir alan olan yoksulluk pek çok faktörden etkilenmektedir. Yoksulluğu etkileyen başlıca faktör demografik yapıdır. Ayrıca bireylerin sosyo ekonomik geçmişleri ve eğitimleri de etkilidir. Ancak yine de en önemli faktör demografik yapı, özellikle aile yapısıdır. Yalnız ebeveynler, özellikle bekâr anneler, düşük gelir tehdidi yaşamaktadırlar. (Jenkins, 1999)

Gelir dağılımı, demografik, ekonomik vb gerekçelerden ötürü, toplumsal refahın maksimizasyonunda en önemli araçtır. (Lambert, Ramos)

Gelir eşitsizliği ve yoksulluğun incelenmesinde yeni yaklaşımlara ihtiyaç duyulmaktadır. Örneğin, dünya nüfusunun 1$ altında yaşayan bölümü azalırken GINI katsayısı yüksek seyretmeye devam etmektedir. Bazı yaklaşımlara göre, yoksulluk ve gelir dağılımında adalet arasında bir ödünleşim mevcuttur. (Atkinson, Brandolini, 2010)

Yoksulluğu azaltma politikaları daha geniş perspektiften ele alınmalıdır. Sadece yoksulluk oranlarının düşmesi yeterli değildir. Ayrıca sosyal refah fonksiyonu da maksimize edilmelidir. Yine gelir dağılımı analizlerinde sosyal refah fonksiyonu da analizlere dahil edilmelidir.

Atkinson vd.'nin (2010) çalışmasında yapılan analizlerde, bir K indeksi tanımlanmıştır. Bu indekse göre, gelir gruplarına yapılacak eşit katkı, gelir dağılımını etkilemezken, sabit göreli büyüme oranlarında eşitsizlik artmaktadır. Gelir dağılımı ile sosyal refah fonksiyonun beraber ele alındığı bir diğer çalışmada, Kolm (1976),'da bir endeks oluşturmuş ve bu endeksi GİNİ katsayısıyla paralel hale getirmiştir. (Kolm 1976'dan aktaran, Atkinson vd, 2010)

Gelir dağılımında adalet alanında, üç çeşit eşitlik söz konusudur. Utilitaryen, Toplam Faydacı ve Rawlsyen faydada eşitlik olarak sıralanabilir. Refahçı yaklaşım, mal ve hizmetlerin insanların ihtiyaçlarına ne kadar hizmet ettiğinden ziyade, insanların bu mal ve hizmetlere verdiği mental tepkileri hesaba katar. Oysa, temel mal ve hizmetlerde eşitlik ve "öz saygı için sosyal temel" oluşturma, dağılımda eşitlik açısından önemlidir. (Sen, 1979)

Gelir dağılımının genelde arka planda bırakılan kısmı olan toplumsal fayda, yoksulluk oranları ile değişken bir ilişki içindedir. Gelir dağılımının tam adaletli olduğu ama tüm toplumun mutlak yoksulluk sınırı altında olduğu bir toplumun toplam fayda fonksiyonu ile, gelir dağılımının aşırı bozuk olduğu ancak tüm bireylerin belli bir zenginlik seviyesinde bulunduğu durumdaki toplam fayda fonksiyonlarının karşılaştırılmasında ortaya çıkacak sonuç öngörülememektedir. Bu alanda öngörülebilecek birincil sonuç, bu iki farklı durumlardaki toplam refah fonksiyonları arasındaki farkın, toplum algısı ve kültürü ile şekilleneceğidir.

Dünya bankasının tanımladığı günlük 1$ sınırı ve benzeri sınırlar altında yaşayan nüfusun mutlak hacmi 1970-2000 arasında azalmıştır. Bu hacmin dünya nüfusuna oranı da benzer şekilde azalmış görülmektedir (Sala-i Martin, 2006). Yoksulluk ile gelir dağılımında adalet arasında var olan ödünleşimden dolayı, bu dönemde gelir dağılımının bozulduğu tespiti de yanlış olmayacaktır.

Yalnız istatistiki olarak değil, diğer açılardan da yakınsama ve ıraksama dinamikleri ele alınmalıdır. Nicel bir yakınsama tespit edilse dahi, diğer etkilerin de analizlere dahil edilmesi gereklidir. Örneğin yaşam standartları, literatürde de geçtiği gibi (Neumayer, 2002), yakınsama analizlerinde dikkate alınması gereken bir öğedir.

Yoksullukla mücadele politikaları, neo-liberal politikalar içinde kamunun işlevsiz hale getirilmesiyle etkisiz kalmaktadır. Ayrıca, gelir dağılımı düzeliyor görünürken, yoksulluğun artması söz konusu olabilmektedir. Bu açıdan gelir dağılımı olgusunun dikkatle ele alınması gereklidir. (Boratav, 2004)

Yoksullukla mücadele politikaları sonucunda, gelir dağılımında adalet sağlanması, harcama eğilimi yüksek görece yoksul kesimlerin daha fazla kaynağa sahip olarak toplam talebi artırmasını sağlar. Bu durum üretim açısından hayati öneme sahiptir. Pazarda değer bulan üretim, yeni üretim için kaynak anlamına gelmektedir. (Murphy, Shleifer, Vishny, 1989)

2.3.4. Kentleşme (Kentlerde Nüfus ve Ekonominin Yoğunlaşması) Olgusu

Başta Acemoğlu'nun "kurumlar hipotezi" olmak üzere gelir dağılımı literatüründe genel kabul, kentleşme olgusunun bölgelerarası gelir dağılımı üzerinde belirgin bir etkisi olduğudur. Üretim faktörlerinin daha yüksek gelir seviyeleri söz konusu olan kentlerde yoğunlaşması, şehirleşen bölgelerin diğer bölgelere kıyasla daha fazla gelir elde etme kapasitesine yol açmaktadır.

Kuznets'e (1968) göre kentleşme ve gelir arasında pozitif bir ilişki söz konusudur. Nüfus artışı da bu duruma eşlik eder. Ancak sadece göreli zengin bölgelerin daha fazla nüfusu kaldırabileceği gerçeği tespit edilmelidir. Görece yoksul bölgelerde doyum oranından fazla nüfus oluşabilmekte, bu durum da kişi başı geliri olumsuz etkilemektedir

Acemoğlu vd'nin (2001) yaptığı çalışmada da kentleşme ve kişi başına gelir arasında kuvvetli bir ilişki bulunmuştur. Bu paralelliğin nedenleri, daha fazla istihdam oranı, daha yüksek verimlilik ve daha geniş pazarlara erişim olarak kabul edilebilir. Görece zengin bölgelerde toplulaşma gerçekleştiğinden, toplulaşma sonucunda AR-GE faaliyetlerinin çıktılarının yaygınlaşmasından ve TFV artmasından dolayı, bölgelerarasında gelir eşitsizliklerinin artarak devam etmesi beklenir. (Fujita, Thisse, 2003). Kentleşmenin bir sonucu olan ekonomik toplulaşma, hem tedarikçileri hem pazarı hem üreticileri bir araya getirdiği kadar, üretim bilgisinin hızlı ve etkin yayılmasını sağlayarak verimlilik artışı sağlamaktadır. Şehirleşme ve ekonomik toplanma beraber yürüyen süreçlerdir. Bu süreçlerin sonunda, gelir ve refah artışları gözlemlenmektedir. Bu durum, ekonominin yoğunlaştığı bölgelerin, diğer bölgelerden ıraksamasına neden olmaktadır. (Glaeser, Gottlieb, 2009)

Kentsel bölgelerde genellikle ekonomik yoğunlaşmalar gözlemlenmektedir. Yoğunlaşma genellikle sektörel olmaktadır. Her bölgede başka bir sektör yoğunlaşabilmektedir. Sektörel yoğunlaşmanın gelir dağılımını etkileyen sonuçlarının etkisini, yoğunlaşmaya zorlayan nedenler belirlemektedir. Genellikle bölgesel sektör yoğunlaşmaları talep tarafından yönlendirildiğinden, sonuç olarak gelir artışları yaşanmaktadır. (Krugman, Venables, 1996)

Büyük kentlerde oluşan kümelenme, fiyatlar kadar, ücretler, gelir ve verimlilik artışlarına da yol açmaktadır (Puga, 2010). Kentlerde oluşan bu yoğunlaşma parasal tüm parametrelerin hızının kırsal kesimdekilerden fazla olmasına neden olmaktadır.

Ekonomilerdeki toplulaşma, firmaların uzman mal ve hizmet sağlayıcılarından ara mal edinmek suretiyle üretim yapmalarına olanak tanır. Ayrıca toplulaşma, firmalara, uzmanlaşmış bir emek havuzu imkanı sunmakta ve bu durum yüksek verimlilik sonucuna yol açmaktadır. (Puga, 2010)

Kuznets'e göre (1955) gelir dağılımının önemli belirleyicilerinden biri, gelirin sektörler arası dağılımıdır. Bu, kırsal/kentsel farklılaşmasının da temelini oluşturmaktadır. Sektör farklılaşması kırsal kesimle kentler arasında yüksek düzeydedir.

Japonya için yapılan bir çalışmada, Japonya'da gelir dağılımını bozan etkenler olarak; kırsal kesimde yaşlanma, aynı yaş gruplarında özellikle ücret kaynaklı gelir farklılıkları oluşması ve artan arazi fiyatları nedeniyle varlık değerleri arasında oluşan fark gösterilmiştir (Kakamu, Fukushige, 2005). Japonya örneğinden hareketle, ülke içi kırsal/kentsel farklılaşmanın, kırsal kesimle kentlerin ekonomik yapılarındaki değişimlerden kaynaklandığı tespit edilebilir. Aynı çalışma ve benzer farklı çalışmalara atıfla, kırsal kesimden kentlere akan genç üretken işgücünün kent ekonomisinde yarattığı katma değer ile kırsal kesimde kalan nüfusun katma değer yaratma gücü arasındaki farkın kır/kent farklılaşmasının temel nedenlerinden olduğu kabul edilmektedir. Yine benzer bir yaklaşımla, aynı faktörlere sahip bireylerin, örneğin arazi gibi, kentsel kesimlerde oluşan talep fazlası nedeniyle daha yüksek gelir elde etmeleri farklılaşmanın/ıraksamanın nedenleri arasında gösterilmelidir. Demografik yapılardaki farklılaşma, genç nüfusun kente akması ve yaşlı nüfusun kırsal kesimde kalması da ıraksama nedenleri arasındadır.

Bir başka görüşe göre de yakınsama/ıraksama analizlerinde bölgelerarası karşılaştırmalarda, sadece gelir ve ücretler değil, yaşam maliyetleri de analize dahil edilmelidir. Örneğin kırsal bir bölgede ücretler çok düşük olabilir ancak yaşam maliyetleri analize dahil edildiğinde görece zengin bölgelerle arasındaki fark varsayılandan düşük olabilecektir. (Sahling, Smith, 1983)

Kentleşmenin bölgelerarası gelir dağılımı üzerine bir diğer etkisi beşeri sermayenin bölgelerarası heterojenleşmesidir. Genel kabule göre, yakınsama olgusu beşeri sermaye açısından homojen toplumlarda söz konusudur. Heterojen toplumlarda yakınsama olgusundan bahsedilemeyeceği gibi, ıraksama olgusu için de öngörülebilir bir sonuç söz konusu olabilir (Tamura, 1991). Sonuç olarak, yakınsama/ıraksama analizleri bireylerin gelirleri üzerinden yapıldığından, beşeri sermayenin homojenliği yakınsama olgusuna katkıda bulunan bir etkendir.

Beşeri sermayenin heterojenleşmesi sonucu, kırsal kesimde düşük kişi başına gelir düzeyleri ve bölge içi bozulan gelir dağılımı sonuçları söz konusu olabilecektir. Ampirik bir çalışmanın gösterdiğine göre de, düşük kişi başı gelir düzeyine sahip ve gelir dağılımı bozuk bölgeler, yüksek kişi başı gelire sahip ve gelir dağılımı görece daha adil olan bölgelere oranla daha hızlı büyüme eğilimindedirler (Tselios, 2009). Bu önerme genel kabulün dışına çıkmakla birlikte, kentleşme olgusunun, kırsal kesim için kentsel kesime yakınsamasının nedeni olduğunu savunmaktadır.

2.4. Vergi ve Transfer Harcamalarının Gelir Dağılımı Üzerindeki Etkileri

Bölgelerarası gelir dağılımı yakınsama/ıraksama dinamikleri arasında kamunun vergi ve harcama politikalarının bir etkisi olmadığı, ilk bakışta, öngörülebilir. Bunun nedeni, vergi politikalarının tüm bölgeler için aynı olması gösterilebilir. Vergi politikaları, vergi indirimleri, geri ödemeleri (iadeleri) vb araçlarla bölgelerarasında farklılık göstermektedir. Vergi politikası bölgelerarasında benzeri araçlarla farklılık göstermese dahi, başlangıç gelir düzeyi farkından dolayı, eşit oranlarda uygulanan vergilerin, gelişmiş bölgeler lehine gelir farklılaşması yaratacağı ortadadır. Bunun sebebi, harcanabilir gelirin azalmasının, yüksek gelire sahip bölgelerde yaratacağı etkinin daha az olması gösterilebilir. Bu nedenle, bölgelerarası gelir dağılımını etkileyen en önemli dinamikler arasında kamusal gelir ve harcama politikası araçları ve özellikle de vergiler bulunmaktadır.

Vergiler, gelir üzerinden alınan dolaysız vergiler ve harcamalar üzerinden alınan dolaylı vergiler olarak ayrılırlar. Dolaysız vergilerin vergi kompozisyonu içinde ağırlığının daha fazla olması, bireysel gelir dağılımını düzeltici bir etkiye sahip olmaktadır. Dolaylı vergilerin ağırlığı arttığında ise, gelir dağılımının bozulması beklenir. Bunun nedeni, dolaysız vergilerin her bireyin geliri oranında alınırken, dolaylı vergilerin gelir durumuna bakılmaksızın bireylerden eşit oranda alınmasıdır. Bir ülkede gelir dağılımındaki düzelme ya da bozulmanın vergi yapısındaki dolaylı/dolaysız vergi ağırlıklarıyla kuvvetli bir ilişkisi bulunmaktadır.

Endüstrileşmiş ülkeler ve gelişmekte olan ülkelerde uygulanan vergi politikaları genellikle vergi öncesi gelir dağılımını düzeltici niteliktedir. (Kuznets, 1955)

Keynesyen ve post Keynesyen yaklaşıma göre, zaman içinde gelir grupları arasındaki harcama eğilimleri arasındaki fark sabit kalmaktadır. Bu nedenle de görece zengin kesimlerden yoksul kesimlere doğru gelir dağılımının sağlanması toplam tüketim harcamalarını artıracaktır. Gelir grupları arasında harcama eğilimleri arasındaki farkın zaman içinde sabit kalmadığı ve dinamik ve hassas bir dengenin varlığından söz etmek yanlış olmayacaktır. Gelir dağılımının yukarıdan aşağıya doğru yoğunlaşmasının tüketim harcamalarında sürekli ve aynı oranda etki göstermeyeceği gibi, aşağıdan yukarıya doğru yoğunlaşmanın da tasarruf ve yatırımlarda sürekli ve aynı oranda etki göstermeyeceğinin altı çizilmelidir. (Garcia-Lizana, Perez-Moreno, 2012)

Gelir oluşum sürecinin piyasalara bırakıldığı genel küresel ekonomik yapıda, oluşan gelirin dağılımı vergileme marifetiyle gerçekleştirilmektedir. Vergileme, konusu ve oranları ile vergi sonrası geliri doğrudan etkilemektedir. Bu açıdan vergileme gelir dağılımında en önemli kamusal araçlardandır. (Galper, Toder, 1984)

Vergi tabanları ve vergi sisteminin yapısı, gelir dağılımında düzeltme hedeflenmekteyse, gelir eşitsizliklerinin nedenlerine göre şekillendirilmelidir. Bir ülkedeki gelir dağılımındaki eşitsizliğin nedenleri arasında, hane halkı yapısı, sermaye geliri yoğunluğu ve farkı, vergi sisteminin yapıcılığı ve transfer sisteminin etkinliği başta gelmektedir. (Bonesmo, Fredriksen, 2012)

Hanehalkı gelir karşılaştırılmasında, üç çeşit gelir, aile faktör gelirleri, toplam aile gelirleri (faktör gelirleri + transferler) ve harcanabilir aile geliri (toplam gelir-vergiler) tanımlandığında, harcanabilir gelir üzerinden geçekleşen gelir dağılımı en adil, sadece faktör gelirleri üzerinden gerçekleşen gelir dağılımı en adaletsiz dağılım olarak gerçekleşmiştir (Cowell, Tarihsiz).

Avustralya merkezli bir simülasyon çalışmasında, vergi teşvik sistemi dahilinde, gelir dağılımının çalışılan saat miktarından anlamlı bir şekilde etkilenmez iken, bireylerin medeni durumlarının (gelire hassasiyetten dolayı) çalışma isteğini dolayısıyla gelirin dağılımını etkilediği ortaya koyulmuştur (Creedy vd, 2008). Bir diğer anlatımla, vergi uygulamalarının etkileri aile yapısına doğrudan bağlıdır.

Vergi uygulamaları nesiller arası gelir yakınsama/ıraksama dinamikleri açısından da önemlidir. Özellikle ABD gibi ekonomilerde, tasarrufların dağılımı, gelirin dağılımından çok daha bozuk olduğundan, gelecek kuşak açısından gelir dağılımını bozucu niteliktedir (Kuznets, 1955). Oluşan dengesizliğin kısmen de olsa giderilmesinin en etkin yolu vergileme yapısında yapılacak değişiklikler olacaktır.

Gelir dağılımını etkileyen bir diğer önemli faktör de kamu maliye politikası araçlarından olan transfer ödemeleridir. Gelirler,

Ücret

- Kendi hesabına çalışma geliri
- Tarımda kendi hesabına çalışma
- Kira rantiye
- İzafi kira ve rant
- İzafi ücret ve maaş
- İzafi besin ve yakıt tüketimi (tarım)

Üretimle İlgili Gelir

- Temettüler
- Faiz geliri
- İzafi faiz
- (ödenen tüketici faizi) (-)
- Mülk ve diğer gelir

Hane halkı geliri

- Kamu yardımı
- İşsizlik yardımı
- Çalışanlara destek
- Gazilere yapılan yardım
- Demiryolu emeklilik yardımları
- Kamu emeklilik aylıkları
- Yemek karnesi getirileri
- Sağlık yardımları

Şeklinde belirlenebilir. Transfer politikasına yönelik yapılan bir çalışmaya göre, transferler sonrası artan harcanabilir gelir, son üç %10'luk dilimin gelirini yükseltmekte ve GİNİ katsayısını düşürmektedir. Dolayısıyla transferlerin gelir dağılımını düzeltici bir etkisinden bahsedilebilir. (Budd, Radner, Whiteman, 1984)

Transferlerin bir diğer etkisi, ülkeler arası etkileridir. Ülkeler zenginleştikçe, yaşlı kesimler için pek çok gelir ve transfer (kamusal ya da özel) söz konusu olduğundan, gelir dağılımı düzelmektedir. Ancak, yine zenginleşen ülkelerde görülen transfer ve gelir desteklerinin fazlalığı, çalışma isteğini azalttığından, ülkelerarası gelir dağılımı yakınsamaktadır. (Eisner, 1984)

Bu iki çalışma ve benzeri çalışmalar, transfer ödemelerinin hem ülke içi hem de ülkelerarası gelir dağılımında düzelme etkileri olduğunu göstermektedir. Bu etkinin vergi ve transferler sonrası gelirlerin yakınsaması şeklinde gerçekleştiği görülmektedir.

Transfer ödemelerine ek olarak gelir dağılımını etkileyen faktörler arasında hanehalkı harcanabilir gelirini artıran kamusal müdahaleler de bulunmaktadır. Bu duruma önemli örneklerden biri, barınma ihtiyacı alanındaki kamusal müdahalelerdir. Yapılan bir çalışmaya göre, "kira kontrolü" kamusal barınma sağlayan politikalardan daha etkili bir şekilde gelir dağılımını düzeltmektedir. (Olsen, York, 1984)

Vergi ve transfer harcamaları sonucunda, bölge düzeyinde harcanabilir geliri yüksek olan bölgenin daha hızlı büyümesi beklenir. Vergi ve transfer politikaları tüm bölgeler için aynı uygulanmaktaysa da, başlangıç gelir seviyesi yüksek bölgelerin lehine gelir farklılaşması beklenmelidir.

3. GELİR DAĞILIMI YAKINSAMA ve IRAKSAMA DİNAMİKLERİ

Bölgelerarası gelir dağılımında yakınsama/ıraksama olgusunun varlığı, bölgelerdeki kişi başına gelir düzeyleri arasındaki farkın değişmesi durumunun ifade etmektedir. İki bölge arasında kişi başına gelir farkı azalmaktaysa yakınsamadan, artmaktaysa ıraksamadan bahsedilmektedir. Bölgelerdeki kişi başına gelir düzeyleri arasındaki farkın değişmesinin öncelikli nedeni, bölgelerin farklı büyüme oranlarına sahip olmasıdır. Dolayısıyla, bölgelerarası gelir dağılımı yakınsama/ıraksama dinamikleri öncelikle, farklılığın nedeni olan büyüme dinamikleridir. Daha sonra varsa kamusal politikaların etkisi ile ortaya çıkan değişimler, yakınsama/ıraksama dinamikleri arasında yer alır.

Yakınsama/Iraksama analizleri literatürü çok farklı sonuçlar ortaya koymaktadır. Bazı çalışmalar kesin yakınsama olduğuna dair ispatlar içermekteyken, kimi çalışmalar da tam tersi sonuçlara dair ispatlar içermektedir. Literatürde düşük yoğunluğa sahip olsa da, bir grup çalışmada da yakınsama ve ıraksama olgularının çeşitli koşullara bağlı olduğu savunulmaktadır. Aynı veriler üzerinde yapılan analizlerin bu kadar farklı ve çeşitli sonuçlar üretmesinin altında yatan temel neden, eşitsizlikleri ölçen yaklaşım ve teknik farklılıklardır. Kimi yaklaşımlar yalnız GİNİ katsayısı üzerinden analiz yapmaktayken, kimi yaklaşımlar daha derinlemesine analizler ortaya koymaktadır.

Konu üzerine yapılan çalışmalarda ileri sürülen tezler arasında en öne çıkanlardan biri, zaman içinde başlangıç anında göreli düşük gelire sahip ülkelerin/bölgelerin, göreli zengin ülkelere/bölgelere oranla daha hızlı büyüdüğüdür. Bu tezin ağırlıklı olarak savunulması sonucunda alanda genel bir yakınsama kabulünden bahsedilebilir. Bu yakınsamanın oranı kesin olmamakla birlikte yine genel bulgulara göre %2 civarında görülmektedir. Genel kabul gören %2lik ortalama yakınsama oranı "yakınsamanın demir kanunu" olarak adlandırılır ve başlangıç gelir seviyesi düşük ülke/bölgelerin, belli bir denge düzeyine, başlangıç gelir seviyesi yüksek bölgelerden daha hızlı ulaştığını ifade eder. Bu karşılıklı hareket sonucu, gelir seviyesi yüksek ülke/bölgedeki kişi başına gelir seviyesi ile gelir seviyesi düşük ülke/bölgedeki kişi başına gelir seviyesi arasındaki farkın yılda ortalama %2 oranında azaldığını ifade etmektedir. (Sala-i Martin, 1996)

Bu kapsamda, yakınsama alanında yapılan çalışmaların bazılarında, yakınsama olgusu belirgin bir şekilde ispatlanmaktadır. 66 ülkede 155 gözlem üzerine ve sadece GINI katsayıları üzerine yapılan bir çalışmada, ülkelerarası kesin yakınsama belirlenmiştir (Ravallion, 2003). Tekrarla belirtilmelidir ki bu çeşit çalışmalardaki temel sorun yalnızca GINI katsayısının analizde hedef parametre olarak kullanılması ya da ülkelerin benzer kararlı durum seviyesine sahip oldukları ön kabulüdür.

Alan çalışmaları çok çeşitli bulgular ortaya koymakla birlikte basit fiili durumlar dahi yakınsama/ıraksama olgusuna yönelik bazı ipuçları taşımaktadır. Örneğin dünya'nın 1960 yılındaki en zengin ülkesi olan ABD ile en yoksul ülkesi olan Myanmar arasında kişi başına gelir düzeylerinde görülen 35 kat fark, 1988 yılında daha da büyümüş görünmektedir (Jones, 1997). Bu durum alanda ısrarla savunulan yakınsama olgusundan çok bazı ülkeler arasında, özellikle en zengin ve en yoksul olanlar arasında, ıraksama olgusunun varlığını ispat eder niteliktedir.

Dünya ekonomisi incelendiğinde yakınsama dair bulguların bulunduğu gerçektir. Ancak bu bulgularda yakınsama olgusunun daha derinlemesine incelenmesine ihtiyaç duyulmaktadır. Ülkeler arası yakınsama olgusunun temelinde yatan, zengin kesimlerin gelirlerinin ülkelerarasında yakınlaşmasıdır. Ancak, ülke içi verilere bakıldığında 1970-2000 dönemi 138 ülkede, ülkelerarası yakınsama söz konusuyken, ülke içi gelir dağılımında, özellikle bölgelerarası gelir dağılımında, bozulma söz konusudur (Sala-i Martin, 2006).

Özellikle görece daha az gelişmiş ülkelerde bölgelerarası ıraksama söz konusuyken, gelişmiş ekonomilerde bu durum daha farklı bir gelişim içindedir. Ampirik çalışmalar gelişmiş ekonomilerde bölgelerarası yakınsama olgusunu ortaya koymakla birlikte, daha derin bir inceleme gerekmektedir. Bunun başlıca nedeni yakınsama yolunun ve nedenlerinin her ülke için farklı olmasındandır. (Rey, Janikas, 2005)

Yakınsama yolunun her ülke için farklı olması konuya ilişkin çalışmalarda da farklı sonuçların ortaya çıkmasına neden olmaktadır. Yukarıda bahsi geçen bulguların aksine sonuçlar ortaya koyan çalışmalar da mevcuttur. Örneğin Ravallion (2003) çalışmasında, ülke içinde gelir dağılımı bozuk olan ülkelerde gelir dağılımında düzelme, göreli dengeli gelir dağılımına sahip ülkelerde gelir dağılımında bozulma gözlemlenmiştir.

Alana ilişkin daha derinlemesine yapılan ekonometrik analizlerde daha farklı sonuçlar da ortaya çıkmaktadır. Ampirik çalışmalarda ortaya koyulan, iki uçlu yakınsama/ıraksama sonuçları, yani kutuplaşma ve benzer ekonomilerin yakınsaması olgusu tek uçlu yakınsama yaklaşımından, yani tüm ülkelerin ortak bir kararlı durum düzeyine yakınsaması olgusundan daha kuvvetli bir olgu olarak görülmektedir. (Quah, 2001)

Benzer ekonomilerin birbirlerine yakınsama olgusu, "kulüp yakınsaması" olarak adlandırılmaktadır. Kulüp yakınsaması ampirik çalışmalarda gözlemlenen bir olgudur. Genel olarak, zengin ülkelerin diğer zengin ülkelerle, yoksul ülkelerin de diğer yoksul ülkelerle yakınsadığına dair bulgular mevcuttur. Kulüp yakınsaması en fazla en üst ve en alt gelir grubundaki ülkeler arasında gözlemlenmektedir. (Ben David, 1997)

Kulüp yakınsaması olgusunun bir sonucu olarak gelir dağılımında üst tabakadaki ülkelerde ve alt tabakadaki ülkeler kendileri için ayrı ayrı ortak bir kararlı durum gelir seviyesine doğru hareket ettiklerinden yakınsamaktadırlar, diğer yanda, zengin ülkeler ve yoksul ülkeler için geçerli olan ortak kararlı durum gelir seviyeleri birbirlerinden uzaklaşmaktadır. (Jones, 1997)

Johnson (1999) alana ilişkin bir çalışmasında, göreli olarak düşük gelire sahip ülkelerin, gelir dağılımında düşük dilimlerde kalmaya daha eğilimli olduğunu ortaya koymuştur. Bu durum, kulüp yakınsaması olgusuyla birlikte değerlendirildiğinde, yakınsama olgusunu benzer yapılar içinde kuvvetlendirirken, ekonomik gelişmişlik farklılıklarının dolayısıyla da gelir düzeylerinin ülkeler/bölgelerarasındaki farkının katılaşmasına neden olmaktadır. Zaman içinde bu farkın açılması ülke grupları arasında ıraksama olgusunu doğuracaktır.

Kulüp yakınsaması dışında kalan, birbirlerine benzemeyen ekonomik yapıların da yakınsaması durumu gözlemlenmektedir. Ancak bu durumun çok sınırlı olduğu belirlenmiştir. Dünya ekonomilerine ait veriler incelendiğinde, sadece küçük bir grup ülkenin üst gelir grubu ülkelere yakınsadığı görülmektedir. Bu haliyle bile, yakınsamanın "yakalama" ya da kişi başına gelir düzeylerinin eşitlenmesi durumuna dönüşmesi yüzlerce yıl alacaktır. En etkili yakınsama örnekleri yalnızca ekonomik entegrasyonlarda görülmektedir. (Pritchett, 1996)

1960 sonrasında ülkeler arası yakınsama analizlerinde, Çin gibi bazı ülkelerin yanıltıcı etkileri bulunmaktadır. Veri setlerinden bu ülkelerin çıkarılması durumunda dünyada 1960 sonrasında ülkeler arasında ıraksama olduğu görülmüştür. (Firebaugh, 2000)

Yine, yakınsama analizlerinde, kur temelli analizlerin satın alma gücü paritesi temelli analizler yerine kullanılması yanıltıcı sonuçlar doğurmaktadır. (Firebaugh, 2000)

3.1.Ekonomik Yapıya İlişkin Etkenler

Bölgelerarası yakınsama/ıraksama analizlerinde, bölgelerin gelir düzeyleri arasındaki farkın değişip değişmediği, değiştiyse ne yönde ve ne şiddette değiştiği analizin çekirdeğini oluşturmaktadır. Bölge düzeyinde kişi başı gelirler arasında var olan farkın değiştiği durumlarda, bu değişikliğe neden olan dinamiklerin belirlenmesi gereklidir. Yakınsama/ıraksama dinamiklerinin belirlenmesine yönelik analizler, bu açıdan, büyüme farklılıklarının nedenlerinin tespiti temelli olmak durumundadır. Kişi başına gelirdeki büyümenin farklı olması, gelir düzeyleri arasındaki farkın değişmesine yol açmaktadır.

Bölge düzeyinde kişi başına gelir düzeylerinin farklı büyümesinin süreç öncesi ve süreç boyunca nedenleri temelde bölgelerin yapısal özellikleriyle ilgilidir. Süreç öncesindeki yapısal farklılıklar, süreç boyunca, gelirin büyüme hızını etkilemektedir. Yakınsama/ıraksama analizlerinin temel sorunu olan "neden bazı bölgeler daha hızlı büyür?" sorusuna ek olarak, "başlangıçta neden bazı bölgeler daha zengindir?" sorusunun da sorulması gereklidir. Bu sorunun en net yanıtı, bölgelerarasındaki yapısal farklılıklar ve bu yapısal farklılıkları oluşturan tarihsel süreçlerdir.

Bölgelerarası gelir farklılaşmasının en temel nedenlerinden biri, ülkenin coğrafi konumudur. Gelir dağılımı farklılıklarının bir nedeni olarak coğrafi konum farklılıkları olabileceği, "coğrafya hipotezi" ile savunulmaktadır. (Acemoğlu, Johnson, Robinson, 2001) Bu hipotezin temelinde yatan mantık Myrdal (1968)'de savunulan, iklim-tarımsal verimlilik ilişkisinin kuvvetidir. (Myrdal 1968'den aktaran Acemoğlu vd., 2001)

Ülkelerin coğrafi konumları, tarımsal üretim güçlerini ve göç alma eğilimlerini belirlemektedir. Daha ılıman iklimlere sahip bölgelerde tarımsal verimlilik yüksek olurken, yine daha sıcak bölgeler daha fazla göç çekme eğilimindedirler. "Coğrafya hipotezi" iklimin çalışma isteğini dolayısıyla verimliliği artırdığını savunmaktadır. Machiavelli, Montesquieu ve Huntington önemli düşünürler de bu hipotezin temelindeki fikri savunanlar arasındaki isimlerdendir.

İklim şartları göçü, dolayısıyla da ortalama geliri etkilemektedir. İsveç için yapılan bir araştırmaya göre, ülke içi göçü etkileyen en önemli etkenlerden biri de iklimdir. İsveç için bulunan sonuçlara göre bölgelerin ortalama gelirleri ve net göç oranları şu etkenlere bağlıdır:

- Bölgedeki başlangıç ortalama gelirine.
- İnsan sermayesi ve doğal kaynak
- Bölgenin iklimi
- Gelir vergisi ve kişi başına kamu harcamalarının büyüklüğü (maliye politikaları)
- Bölgenin işsizlik oranı (Aronson vd, 2010)

Bölgelerarası gelir farklılaşması nedenlerini açıklayan coğrafi farklılıklar tezine benzer bir tez ise, toplumsal yapılardaki farklılıkların, ülkelerarası ya da bölgelerarası gelir dağılımını etkilediğini savunan "kurumlar hipotezi"dir (Acemoğlu vd., 2001). Bu teze göre, yatırımları özendirecek toplumsal yapı ve kurumlara sahip ülkeler olmayan ya da daha az olan ülkelere kıyasla daha fazla zenginleşme eğilimindedirler. "kurumlar hipotezi" ekonomik performansın, toplumun organizasyonu ile bağlantılı olduğunu savunmaktadır. Örneğin yatırımlar için fırsatlar ve teşvikler yaratan toplumlar, yaratmayanlara göre daha zengindirler (Acemoğlu vd., 2001).

Tıpkı "coğrafya hipotezi'"nde olduğu gibi, ülkelere özgü kurumsal yapılar da temel olarak iki değişkeni doğrudan etkilemektedir. Birincisi üretim verimliliği, ikincisi ise girişimcilik odaklı ekonomik performanstır. Bu iki değişken sonuç olarak gelir düzeyini ve sonrasında net göçü etkilemektedir.

Acemoğlu tarafından ileri sürülen ve genel kabul gören "coğrafya hipotezi" doğru kabul edilir ise, uzun bir dönem boyunca coğrafi değişiklikler olmadığından, avantajlı coğrafyada olanlar ile olmayanlar arasında bir yakınsama olmayacağı sonucuna varılmalıdır. 100-200-500 yıl önce daha zengin olan ülkelerin bugün de daha zengin olacağı beklenmelidir.

Toplumların yapılanması da coğrafi özellikleri gibi kalıcı olduğundan, yine ülkeler arasında gelir dağılımında farklılık olmaması beklenir. Ancak toplum yapısında meydana gelen değişiklikler, eğer "kurumlar hipotezi" doğru ise, ülkelerarası gelir dağılımında belirgin değişimlere neden olacaktır.

Coğrafya ve kurumlar hipotezleri tarihsel olarak Kuzey/Güney farklılaşmasının nedeni olarak ortaya koyulan hipotezler arasındadır. Tarihsel olarak kuzeyde, sanayinin toplulaşması, güneyde durgunluğa neden olmuştur. Bu durum gelir dağılımında farklılaşmaya neden olmuştur. Son adımda, Kuzeydeki yüksek büyüme istikrarlı ve kendini besler bir durumdadır. Güneyde ise yatırımların ve yapısal değişimler birlikte yaşandığında ancak yakınsama sonucunu doğurmaktadır. (Baldwin, Martin, Ottaviano, 1998)

Barro'nun, 80 ülkelik bir panel veriye göreyaptığı bir çalışmada (1996); 1960 sonrası yakınsama katsayısı, kişi başı Milli Gelir bazında, 1,7 puan civarındadır. Yakınsama "demir kanununa" göre kişi başına gelir bazında yakınsama yılda 2 puan civarında olmaktadır. Oysa çalışmada, ülke sabit etkileri modele eklendiğinde, koşullu yakınsama yılda %3,3 olarak gözlemlenmektedir. Kurumlar Hipotezine atıfla, başka parametreler, örneğin uzun dönem yasal düzenlemeler gibi kurumsal özellikler eklendiğinde, "yakınsamanın demir kuralı" oranı olan %2'ye yakın bir yakınsama gözlemlenmiştir. (Barro, 1996)

Ekonomik yapılardaki farklılıklar başlangıç gelir düzeylerini belirlediğinden ve zengin ülkeleri zengin kılan politikalar, ülkelerin sosyal, kültürel ve coğrafi özelliklerinden doğrudan etkilendiğinden, aynı politikaların farklı ülkelerde farklı sonuçlar doğuracağı ön görülmektedir. (Kremer, Onatski, Stock, 2001)

Kurumlar ve Coğrafya hipotezleri, ortaya koydukları yaklaşımlarda, çeşitli ülkeye özgü etkenlerin, zaman faktörünün de göz önüne alınmasıyla, ülkeler arası yapısal farklılıkları belirginleştireceğini savunmaktadır. Ülkeler arası yapısal farklılıklar belirginleştikçe, örneğin altyapı gibi kimi alanlar da bu etkisini gösterecektir. Yapılan çalışmalara göre, altyapılar arasındaki farklılıklar, özellikle ulaşım altyapıları arasındaki farklar, taşıma maliyetlerinde oluşan ölçek etkinliği nedeniyle gelir farklılaşmalarının temelinde yatmaktadır. (Adamopoulos, 2011)

Yüksek oranda büyüme yalnız ekonominin içten gelen yapısal özellikleri tarafından belirlenmemektedir. Ekonomi karşılıklı etkileşim içinde olduğu diğer yapılardan da etkilenmektedir. Ekonomik yapıyı değişime zorlayan karşılıklı etkileşime iki örnek verilebilir. Bunlardan ilki, gelişmiş bir yapıya sahip bir ekonomiyle ticaret, diğeri gelişmiş bir ekonomik bölgeye komşuluktur. Her iki durumda da geri kalmış bölge yapısal değişime zorlanır ve sonuç olarak daha yüksek bir büyüme performansı yakalar. Bu açıdan yakınsama için bir önemli parametre de yüksek performansa sahip bölgelere uzaklıktır. Yüksek ekonomik performans gösteren bölgelere yakın bölgeler bu durumdan olumlu etkilenmekteler. (Bosker, 2007)

Lokasyon komşuların performansının etkileri açısından önemlidir (Paas vd, 2007). Örneğin, ABD eyaletleri üzerine yapılan bir çalışmaya göre, yakınsama olgusu komşu olan ve yapısal benzerlik gösteren eyalet grupları arasında ve içinde görülmektedir (Rey, Brett, 1999). Bu durum da mutlak yakınsamadan çok, "kulüp yakınsaması" olgusunu doğrular niteliktedir.

Meksika gibi çevre ülkelerde yakınsama/ıraksama dinamikleri daha çok ticaretle ilişkilidir. Meksika'da ticari dışa açılma dönüm noktası olan 1994 NAFTA üyeliği öncesi ve sonrasında yakınsama/ıraksama belirgin bir şekilde ortaya çıkmamıştır. Ancak, ticari dönüşüm öncesi, ABD sınırına daha yakın olan bölgeler, daha fazla beşeri sermaye ve fiziki sermaye stoku olan, daha az tarımsal aktivite yoğunluğu olan ve daha fazla altyapıya sahip bölgeler daha yüksek bir büyüme performansı göstermişlerdir. (Chiquiar, 2005)

Meksika örneğinde olduğu gibi yakınsamanın ticaret çekişli olması çok rastlanan bir durumdur. Bu noktada ülkelerde uygulanan dış ticaret politikaları, bölgesel entegrasyonlar vb. önem arz etmektedir. Temel olarak 21. yy için en önemli olgular arasında bulunan küreselleşme olgusu, ekonomik yapıları benzeştirdiğinden dolayı, ülkeler arası yakınsama olgusuna katkıda bulunmaktadır. Ancak ülke içinde küreselleşmenin ve serbest ticaretin nimetleri eşit paylaşılamadığından, ülke içi özellikle bölgelerarası gelir dağılımı üzerinde bozucu etkiye sahip olabilmektedir.

Dış ticaretin temel motoru olan küreselleşme bölgelerarası gelir dağılımı konusunda dolaylı bir etkiye sahiptir. Küreselleşme genelde ekonomik kalkınmaya neden olmaktadır. Ekonomik kalkınma ise, ana akım bilim adamlarının genel kabulüne göre, şehirleşmeye neden olmaktadır. Küreselleşme ve artan dış ticaret hacmi sonucu ortaya kentsel gelir artışı çıkmakta, kırsal kesim ile kentsel gelir düzeyleri arasındaki fark artmaktadır (Scott, Storper, 2003).

Küreselleşme ve ticari dışa açılma sürecinde gelir dağılımında oluşan bozulmaların öncelikli nedeni, kısa dönemde değişimden belli sektör ve grupların hızlı bir şekilde faydalanmasıdır. Fayda zaman içinde dağılsa dahi ilk an bozulması kalıcı olmaktadır. (Chotikapanich vd, 2009)

Küreselleşme sonucu ortaya çıkan teknolojinin yayılma etkisi ile artan teknoloji düzeyi büyümenin nedeni olarak ortaya çıkarken, yayılma etkisinin sağlanamadığı dar kapsamlı ticaret, gelir eşitsizliğinin nedeni olarak ortaya çıkmaktadır. Gelir dağılımında eşitliğin sağlanabilmesi için büyümede anahtar rol oynayan teknolojinin yayılma etkisi gösterebileceği nitelikte ve genişlikte ticarete ihtiyaç duyulmaktadır. (Jaumotte vd, 2013)

Bishop vd'nin (1994) ABD üzerine yaptıkları bir çalışmaya göre de, bölgelerarası yakınsama için etkili olan etkenlerden ilki, faktör fiyatlarındaki farkın, faktör mobilitesi ile azalmasıdır. Küreselleşme, gerek birincil etkileri olan ticaret yoluyla gerek ikincil etkileri olan yapısal değişiklikler yoluyla faktör fiyatlarını yakınlaştırma etkisine sahiptir. Bu etkiye öncelikle göç neden olmaktadır. Küreselleşme, göçün faktör fiyatlarını eşitleme etkisi denklemden çıkarıldığında ise, genel olarak gelir dağılımını bozucu bir etkiye sahiptir (Georgantopoulos, Tsamis, 2011). Bu tespitten, ticaretin faktör fiyatlarını eşitleme, teknolojiyi yayma gibi etkileri olmadığında gelir dağılımı farklılaşmasına neden olduğu sonucu çıkarılmaktadır. Ticaretin faktör fiyatlarını eşitlemek ve teknolojinin yaygınlaşmasını en üst düzeyde sağladığı durum ekonomik entegrasyon durumudur. Dolayısıyla entegrasyon önemli bir etkendir. Entegrasyon sonucu ortaya çıkan rekabetin ise ne yönde etkili olduğu kestirilememektedir. Rekabet olumlu ya da olumsuz etkileyebilir. Ancak kesin bir olgu şudur ki, entegrasyon sonrasında enerji fiyatları yükseldikçe, zengin ortaklarla yoksul ortaklar arasında ıraksama gerçekleşmektedir (Bishop, Formby, Thistle, 1994).

Ekonomik entegrasyonlarla ilgili bir başka yaklaşıma göre de ekonomik birlikler içinde, AB gibi, yakınsama olgusu makro ekonomik parametrelerdeki yakınsamadan kaynaklanmaktadır. Bir ekonomik birlik içinde, faiz oranları eşitleneceğinden ve işgücü rahatlıkla göç edebileceğinden, faktör fiyatları eşitlenecektir. Bu durum yakınsama gerçekleşmesine neden olacaktır. (Razzin, Yuen, 1997)

Küreselleşmenin bir diğer etkisi de çok uluslu şirketlerin üretim ve pazarlama faaliyetlerinin yaygınlaşmasıdır. Bu durum ekonomik yapılarda önemli etkilere sahip olabilmektedir. Çok uluslu şirketlerin, üretim yöntemleri, ürün kalite farklılıkları ve ana ülke-faaliyet gösterilen ülke arasındaki fiyat politikası farklılıkları da ana ülke lehine gelir dağılımını bozucu niteliktedir. (Roy, 2011)

Ekonomik yapı konusunda belirleyici etkenlerden biri diğeri de büyüme için seçilen yoldur. Bir ülkenin büyüme için borçlanma yolunu seçmesi ekonomik yapısını ve gelir dağılımına ilişkin parametreleri etkileyecektir. Kurumsalcı ve post-Keynesci modeller ekonomik çevrimlerin borç balonu ile şiştiği ve patladığını savunmaktadırlar. Son dönem küresel ekonomide, borç balonu özellikle orta ve orta düşük gelire sahip nüfusun üzerinde görülmektedir. Balonun şiştiği dönemlerde gelir dağılımında düzelme, patladığı dönemlerde önemli bozulmalar görülmektedir (Wunder, 2012). Özellikle orta sınıf hane halkının borçluluk seviyesi ve ödemekte oldukları borç faizleri gelir dağılımını bozucu bir etki göstermektedir (Scott, Pressman, 2013). 2008 mali krizinde AB ülkelerinde gözlendiği üzere, kriz gelir dağılımı eşitsizliklerini giderici tüm maliye ve para politikaları üzerinde etkili olduğundan gelir dağılımını bozucu etkiye sahiptir (Cingolani, 2012). Yine İngiltere için 2008 krizi etkileri üzerine yapılmış bir çalışmada, gelir dağılımındaki krize bağlı bozulmanın en önemli nedeni olarak reel ücretlerdeki azalma olduğu saptanmıştır. (Brewer vd, 2013)

Bölgelerarası ekonomik yapıların benzeşmesi, faktör fiyatlarını eşitlediğinden dolayı, özellikle yaşam maliyetlerini yakınlaştıracaktır. Yaşam maliyetlerinin bölgelerarası farklılıklarının giderilmesi ekonomik yapıda bir dönüşüm ve homojenleşme anlamına gelmektedir. 1911-1993 İsveç bölgeleri üzerine yapılan bir incelemede, yaşam maliyetlerinin yakınlaşmasından dolayı, σ-yakınsaması gözlemlenmiştir. (Persson, 1996)

3.2. Büyüme Hızı

Bölgelerarası gelirin farklılaşmasında, bölgelerin büyüme hızlarının farklılıklarının temel etkendir. Bölgeler gelir elde eden gruplar, ülke ekonomisi de üst grup kabul edildiğinde, gelirin alt gruplar arası dağılımında, üst grup kabul edilen ekonominin genel durumuna ilişkin değişimlerin, alt gruplara gelirin dağılımında etkili olacağı tespit edilmelidir. Örneğin Okun (1952) tarafından ortaya koyulan gelir dağılımında adalet ile ekonomik büyüme arasında ters yönlü ilişki gelirin bölgelerarası dağılımı için de geçerli olacaktır. Yüksek büyüme performansları için adaletten bir ölçüde ödün verilmesi gerektiği kabul edilmektedir. Bu yolla zengin bölgelere daha fazla kaynak aktarılması daha yüksek düzeyde toplam üretime neden olurken, zengin bölge/yoksul bölge arasındaki gelir farkını açacaktır. Ancak, bozulan gelir dağılımı sonucunda yaygınlaşan yoksulluk olgusunun büyüme üzerinde orta ve uzun erimde olumsuz etkileri olacağı bilinmektedir. Bu açıdan büyüme politikalarının gelirin yeniden dağılım politikalarıyla birlikte yürütülmesi durumunda ancak, kalıcı büyüme performansları söz konusu olabilecektir. (Razmi, Ashrafzadeh, 2012)

Kuznets eğrisi, büyüme sonucunda önce gelir dağılımının bozulduğunu sonra da düzeldiğini gösterir. Bu nedenle -U- eğrisi olarak da adlandırılır (Yumuşak, Bilen, 2000). Ampirik çalışmalarda ortaya çıkan sonuçlar, bu açıdan teoriyle tutarlıdır. Eşitsizlik arttıkça önce sermaye birikimi yoluyla büyüme artmaktadır. Ancak eşitsizlik daha fazla arttıkça büyüme de bundan etkilenerek yavaşlamaktadır. (Yamamura, Shin, 2009)

Ekonomi teorisiyle tutarlı olan, bazı çalışmaların da gösterdiği üzere, gelir dağılımında oluşan eşitsizlik, tasarruf ve yatırımlardaki artışlardan dolayı yüksek büyümeyi tetikler (Coelen, 1978). Bu durum bölgelerarası eşitsizlik için de geçerlidir.

Yakınsama ve iktisadi büyüme arasında ilişkinin niteliğini araştıran çalışmalarda büyümeyle ilgili iki önemli durum tespit edilmektedir. Birincisi 19. yy'dan beri her daim uzun dönem büyüme gözlemlenmiştir. İkincisi, teknoloji dışsal ve maliyetsiz ise, ıraksama söz konusu olmamaktadır. Bu dönemde yakınsama ile büyüme arasında ilişki kurulduğunda sermaye ve faktör mobilitesinin yakınsama hızını artırdığı da gözlemlenmektedir. Yakınsama ile ilgili genel ampirik bulgular şu şekildedir:

- Geniş ülke örneklemlerinde, kesin yakınsamaya dair delil bulunmamaktadır.
- Homojen ülke alt gruplarında kesin yakınsama durumu gözlemlenmektedir.

Dolayısıyla ekonomideki performans benzerliğinin ve faktör mobilitesinin, yakınsama için önemli bir etken olduğu görülmektedir.

Benzer bir bulgular pek çok çalışmada ortaya çıkmıştır. Dağılım dinamikleri ve mobilite üzerine yapılmış bir çalışmaya göre, mobilite arttıkça yakınsama gerçekleşmektedir. (Maasoumi, Racine, Stengos, 2007)

Bölgelerarası gelir dağılımında ya da kişisel gelir dağılımında düzelme olabilmesi için, yakınsanacak ortak bir kararlı durum seviyesi gerekmektedir. Gelirinin üst sınırı olmayan bir gruba, gelirinde tavan bulunan bir grubun yakınsaması ancak toplam gelirin azalmasıyla mümkün olacaktır. Aksi her durumda, gelir üst sınırı olmayan grup, diğer gelir gruplarından ıraksayacaktır (Champernowne, 1953). Bölgelerarası gelir dağılımı perspektifinden anlatımla, bir bölge yüksek bir teknoloji düzeyine sahipse ve teknolojik ilerlemesi süreklilik arz ediyorsa, gelirinde bir üst sınır bulunmamaktadır. Dolayısıyla gelirinde belli bir tavan bulunan yoksul bölgelerin bu bölgeye yakınsaması söz konusu olmayacaktır. Bir bölge bir diğer bölgeye göre üstün olan teknoloji düzeyini sürdürme eğilimindeyse, ekonomi toplam olarak daralmadığı sürece bölgelerarası ıraksama söz konusu olacaktır. Ekonomik büyüme ve gelir dağılımı eşitsizlikleri üzerine yapılan ampirik bir çalışmada, ekonomik büyümenin bölgelerarası gelir eşitsizliğini artırıcı bir etkisi olduğu tespit edilmekle birlikte, bunun nedeninin büyüme öncesindeki yapısal farklılıklardan kaynaklanmış olabileceği sonucuna ulaşılmıştır. (Binatlı, 2012)

Elde edilen gelirin bölge düzeyinde ne şekilde harcandığı da önemlidir. Varsayımsal olarak elde edilen gelirin daha fazla yatırıma dönüştüğü önermesi kabul edilmekle birlikte, durum her zaman bu şekilde olmamaktadır. Daha zengin bölgelerde elde edilen gelirin bir kısmı yatırımlar yerine yaşam kalitesine harcandığından, üretim bu harcama tercihinden olumsuz etkilenmektedir. Gelir dağılımı değiştikçe tüketim dağılımı ve eğilimleri de değişmektedir. ABD'de 80'ler ile ilgili bir araştırmada, gelir dağılımındaki değişime paralel tüketim değişimleri yaşanmakla birlikte, tüketimdeki değişimler, ailelerin ihtiyaçlarını tam karşılayacak yönde olmamaktadır (Cutler, Katz, 1992). Bu durum yakınsama dinamiklerini harekete geçirmektedir. Yakınsamanın önemli bir nedeni olarak, üretilen değerin, zengin ülkelerde, yaşam ve çalışma hayatı kalitesine ayrılırken, görece yoksul ülkelerde daha fazla üretime için yatırımlara ayrılmasıdır (Dowrick, Nguyen, 1989). Tüketim tercihlerindeki bu değişim sonuç olarak daha yoksul bölgelerin daha fazla yatırım yaparak daha hızlı büyümesi sonucunu doğurmaktadır.

Dolaylı bir şekilde, yüksek büyüme performansı ülke içi gelir dağılımını bozarken, bozulan gelir dağılımı ile ödünleşim içinde olan etkinlik artmakta, yatırımlar ve büyümeye kaynak oluşmaktadır. Örneğin, ABD'de 1983-89 arası yaşanan ekonomik gelişme sürecinde, gelir dağılımı bozulmuştur (Cutler, Katz, 1992). Bu bulgulardan farklı bulgulara sahip olan İsveç için yapılan bir çalışmaya göre de, bölgelerarası gelişmişlik farklılıkları bölge içi dinamiklerden de etkilenmektedir. İsveç gibi görece fırsat eşitliği sağlanan ekonomilerde, gelir dağılımı eşitsizliği ve büyüme arasındaki ilişkinin de zayıf olduğu tespit edilmiştir (Rooth, Stenberg, 2012). Gelir dağılımında adalet/etkinlik ödünleşimi, fırsat eşitliği sağlayan kamusal politikalar yoluyla alt düzeylere çekilmekte, adalet etkinlik ilişkisi kamusal politikalarla zayıflatılabilmektedir. Ancak özellikle ekonomik entegrasyonlar sonrasında, etkinlik adalet ödünleşimi kuvvetli bir şekilde ortaya çıkabilmektedir. (Clarke, 1995)

Ekonomideki büyümenin Euro Bölgesindeki gibi kâr çekişli (profit-led) ya da ABD'deki gibi ücret çekişli (wage-led) olması, mali krizlerde, fonksiyonel gelir dağılımını farklı etkilemektedir. Her mali krizde reel ücret düşmekte ve fonksiyonel gelir dağılımı bozulmaktadır. ABD ve Euro bölgesi arasındaki fark, kâr çekişli ekonomik yapılarda, fonksiyonel gelir dağılımının ücret aleyhine bozulması, bu durumun uzun sürmesine neden olmaktadır. ABD'de ise, sermaye lehine bozulan gelir dağılımı yeni yatırımlara ve dolayısıyla gelir dağılımında düzelmeye neden olmaktadır. (Spithoven, 2013)

Gelir dağılımı eşitsizliği ve büyüme arasındaki ilişki konusunda ABD üzerine yapılan ampirik bir başka çalışmada da, eşitsizliğin azaltılması kadar artırılmasının da büyümeyi olumsuz etkilediği tespit edilmiştir. Büyüme için en uygun durum, eşitsizliğin görece sabıt kaldıgı durumdur (Hasanov, Izraeli, 2011). Bu konu üzerine Chambers ve Krause'un çalışmasındaki (2009) bulgulara göre de, gelir dağılımındaki bozulmanın bir noktadan sonra büyümeyi yavaşlatması durumunun en yoğun yaşandığı dönem olarak sürecin başından sonraki ilk 5 yıldır.

Bu farklı yaklaşımlar da ortaya koymaktadır ki; gelir dağılımı ile büyüme arasındaki ilişkide çok yönlü süreçler etkilidir. Şöyle ki, gelir dağılımı düzeldikçe toplam talep artacaktır. Toplam talepteki artış toplam arzı da artırma eğilimindedir. Evrimsel teoriye göre, bir ekonomide denge sağlandığında, ortalama fiyatlar artacaktır. Ortalama fiyatların artması gelir dağılımı üzerinde yeniden bozucu bir etkiye sahip olacaktır. (Kaldasch, Tarihsiz)

Büyüme ve gelir dağılımı arasında ters yönlü ilişkiye dahil çeşitli ampirik bulgular olmakla birlikte, Türkiye için 1960-75 ve 1985-99 arası panel veriye dayalı bir çalışmada GİNİ katsayısı ile ekonomik büyüme arasında anlamlı bir ilişki bulunamamıştır. (Oğuş, Tarihsiz)

3.3. Nüfusun Yapısı ve Etkileri

Nüfusun hacmi tek başına gelir dağılımı analizlerinde temel parametrelerden biridir. Karşılaştırılan iki bölge arasında, zengin olan bölgenin nüfus artış hızının yoksul olan bölgenin nüfus artış hızından fazla olması durumunda ceteris paribus yakınsama olgusu gözlemlenir. Gelir dağılımı analizlerinde, kişi başına gelir üzerinden kıyaslama yapıldığından ve bu parametrenin paydasını nüfus oluşturduğundan, nüfus artış hızı kişi başına geliri doğrudan etkilemektedir.

Nüfusun hacmi kadar niteliği de gelir dağılımı açısından önemlidir. Yine iki bölge arası kıyaslamada, aynı nüfusa sahip iki bölgeden beceri ve üretkenliği fazla olan nüfusa sahip bölge ceteris paribus, diğer bölgeden ıraksayacaktır.

Bölgelerarası yakınsama/ıraksama dinamikleri açısından, nüfus, nüfusun yapısı ve niteliği ile nüfusa etki eden başta göç olmak üzere tüm dış etkenler önem taşımaktadır.

3.3.1. Nüfusun Büyüklüğü ve Göç

Diğer tüm parametreler sabit tutulduğunda, gelir dağılımı eşitsizliklerinin altında yatan en önemli etkenlerden biri hane halkı nüfusunun artmasıdır. (Peichl, Pestel, Schneider, 2012)

Ancak bu bulguyla çelişen bazı diğer çalışmalara göre de yüksek nüfuslu görece yoksul ülkelerin, Çin ve Hindistan gibi, görece zengin ülkelere yakınsama eğilimleridir. Bu süreçte, Hindistan'da belirgin olmamakla birlikte, özellikle Çin'de ülke içi gelir dağılımının belirgin bir şekilde bozulduğu görülmektedir. (Sala-i Martin, Mohapatra, 2002)

Yüksek nüfuslu ülkelerin kendinden zengin ülkelere yakınsama sebebi, işgücü artışıyla ortaya çıkan üretim hacmindeki artışlardır. Nüfustaki artış yeni istihdam yaratmaya yönelik yeşil saha yatırımlarıyla desteklendiğinde, yeni istihdam alanları eskisine oranla daha verimli ve daha fazla üretim yapabileceklerdir. Küresel ekonomide, yüksek nüfuslu ülkelerin tecrübe ettiği yakınsamanın temel nedeni bu olarak görülmektedir.

Yüksek nüfuslu ülkelerde eğer oluşur ise, gözlemlenen bölgelerarası yakınsama genelde koşullu yakınsama niteliğindedir. 1978-93 arası panel veriye dayalı bir analizde, Çin'de koşullu yakınsama görülmüştür. Yakınsama koşulları arasında, fiziksel sermaye yatırım payı, istihdamdaki büyüme, beşeri sermaye yatırımları, doğrudan yabancı yatırımlar ve coğrafi konum bulunmaktadır. (Chen, 1996)

Nüfusun artması ile birlikte işsizlik oranları ile ilgili bir tespitte bulunulamasa dahi, üretim süreci dışında kalan nüfusun artacağı ön görülebilir. Örneğin bir ülkede nüfus iki katına çıktığında işsizlik oranı sabit kalsa dahi işsiz sayısı da iki katına çıkacaktır. Artan bu sayı gelir dağılımı üzerinde bozucu bir etkiye sahip olacaktır. Bu kesim, hayatlarını idame ettirebilmek için piyasa dışında gelir elde etmek durumundadır. Genellikle de seçilen yol ev üretimi olmaktadır.

Gelir dağılımı eşitsizlikleri analizlerine özellikle düşük gelirli hane halkının piyasa dışı üretimden, ev üretiminden, elde ettikleri parasal olmayan gelirler dahil edildiğinde, eşitsizliğin boyutunun daha az olduğu görülmektedir. (Frazis, Stewart, 2011)

Nüfusla artan emeğin miktarı kadar, emeğin fiyatı da önemlidir. Temel iktisat yaklaşımına göre arzı artan bir metanın fiyatı düşmektedir. Emek için de bu durum geçerlidir. Nüfus arttıkça, emeğin fiyatı olan ücret de azalacaktır.

Emeğin değeri olan ücretin, üretimde kullanılan diğer faktörlerin fiyatlarından farklılaşması gelir dağılımı üzerinde bozucu bir etkiye sahiptir (Tsoulfidis, Mariolis, 2007).

Göçün gelir dağılımı dinamiği olarak ele alınma sebebi, nüfusun hacmi ve niteliği üzerindeki etkisi çerçevesindedir. Yakınsama/ıraksama dinamiği olarak göç, göç alan bölgeyi, göç veren bölgeden ıraksatan bir dinamik olarak kabul edilmelidir.

3.3.2. Beşeri Sermaye ve Emek Verimliliği

Nüfusun hacmi kadar önemli bir diğer konu da, çalışan nüfusun niteliği ve üretme kapasitesidir. Çalışan bireyin, üretimde kullandığı bilgi ve beceriler toplamı beşeri sermayesidir. Beşeri sermaye genellikle zaman içinde değişkenlik göstermektedir. Çalışan bireyler için artmakta, çalışmayan bireyler için azalmakta olduğu kabul edilmektedir.

Bölgelerarası gelir dağılımı farklılaşmaları beşeri sermaye birikimi farklılıklarının doğrudan sonucudur. Bölgelerde nüfus hacmi ile birlikte, nüfusun yüksek eğitim ve beceriye sahip iş gücü oranı ne kadar yüksek olursa bölgenin gelir üretme kapasitesi de o kadar yüksek olmaktadır. Gelir üretme kapasiteleri arasındaki farklar da bölgelerarası gelir dağılımını belirlemektedir. (Itoh, 2013)

Bölgelerarası gelir dağılımı bozulmalarında da, bölge nüfuslarının arasında ortaya çıkan verimlilik farklılıkları belirleyici rol oynamaktadır. Çin için yapılan bir araştırmaya göre, Çin'in mucize büyüme performansının maliyetleri söz konusudur. Bu maliyetler arasında en fazla öne çıkan bölgelerarası gelişmişlik farklılıklarıdır. Bölgelerarası gelişmişlik farklılıklarının temel nedeni olarak da eğitim bazlı beşeri sermaye farklılıkları, dolayısıyla verimlilik farklılıkları görülmektedir. (Yang, 2013)

Emek verimliliği doğrudan beşeri sermaye artışı ile gerçekleşmektedir. Beşeri sermaye birikimin en önemli ekonomik katkısı, emeğin üretme gücünün artırılmasıdır.

Beşeri sermaye artışları nüfus artışlarından daha kuvvetli bir biçimde büyümeyi tetiklemektedir. Beşeri sermaye artışı ile fiziksel sermaye stoğu arasında da güçlü bir ilişki mevcuttur. (Bucci, 2009)

Beşeri sermaye ekonomik etkinliği arttırmaktadır. Oysa yatırımlar ve kamu harcamaları sadece sermaye birikimini sağlamaktadır. (Yamamura, Shin, 2009)

Kore için yapılan ampirik bir çalışmada, ülke genelinde gelir eşitsizliği konusunda, kamunun yatırım dışı harcama payının gelir dağılımı eşitsizliği ile ilişkisi istatistiksel olarak anlamsız çıkmıştır. Bunun yanı sıra, yatırımlardaki artış, işgücünün içindeki görece yaşlı kesimin payının düşük olması, eğitime katılım oranı ile gelir dağılımı adaleti arasında aynı yönlü kuvvetli ilişki bulunmuştur. Ekonomik açıklığın ise gelir dağılımı eşitsizliğini arttırdığı saptanmıştır. (Lee, Kim, Cin, 2013)

Turnonsky'nin alana yönelik bir başka çalışmasına (2011) göre, iki sektörlü model bir ekonomide, emeğin verimlilik artışı üretimi doğrudan etkilerken gelir dağılımı üzerinde anlamlı bir etkiye sahip olmamaktadır. Gelir dağılımını etkileyen değişken, üretim faktörlerinin sektörler arası yoğunlaşma farklılıklarıdır. Emek yoğun sektördeki verimlilik artışları gelir dağılımını o sektör lehine bozmaktadır. Teknolojide ise, yoğunlaşma ilgisiz kalmaktadır. Hangi sektörde teknoloji temelli verimlilik artışı yaşanmakta ise gelir dağılımı o sektör lehine bozulmaktadır.

Bölgelerarası emek verimliliği ve beşeri sermaye kaynaklı gelir farklılaşması, komşu bölgelerarasında daha az, uzak bölgelerarasında daha fazladır. (Ezcurra, Rapun, 2007)

Gelir dağılımı yakınsama/ıraksama dinamiği olarak beşeri sermaye önemli bir parametre oluşturmaktadır. Beşeri sermaye birikimleri ve dolayısıyla da verimlilik düzeyleri benzer bölgelerin "koşullu" yakınsadıkları sonucu ortaya çıkmaktadır. Tek bir bölge ya da bölgeler grubunda beşeri sermaye birikiminin daha fazla olması ıraksama sonucunu doğuracakken, görece az gelişmiş bölgelerde beşeri sermaye artışları yakınsama sonucunu doğuracaktır.

3.4. Yatırımlar, Sermaye Birikimi ve TFV

Yatırımlar, bir ülkenin sermaye piyasasına aktarılan nakit de olsalar, yeşil saha yatırımı da olsalar gelir artırıcı niteliktedirler. Bölgelerarası gelir dağılımı açısından, yatırımların etkisi, yeşil saha yatırımları yoluyla olmaktadır. Bir ülkede yapılan toplam yeşil saha yatırımlarından en fazla pay alan bölge, oluşan istihdam, daha ileri teknoloji seviyesi ve daha yüksek verimlilik düzeyi sayesinde daha yüksek bir düzeyde gelir elde edebilme şansına sahip olacaktır.

Doğrudan yabancı yatırımlar, gelir dağılımı konusunda belirleyici faktörlerden biridir. Bölgelerarası doğrudan yabancı yatırım farklılaşmasının sebepleri arasında piyasa büyüklüğü, insan kaynağı, ekonomik yoğunlaşma ve altyapı ön plana çıkmaktadır. Doğrudan yabancı yatırım arasındaki farklar, gelir dağılımını açıklayıcı niteliktedir. Gelir dağılımı farkının azaltılması için kamusal müdahaleler şarttır. Kamusal müdahale alanları teşvik politikaları, enerji politikaları, alt yapı ve ulaşım politikaları, yüksek ve yeni teknolojili endüstrilerin gelişmesine yönelik politikalar ve eğitim politikaları olarak sıralanabilir. (Zheng, 2011)

Bölgelerarası gelir farklılaşmasını açıklayan en önemli teorik yaklaşımlardan biri, sermayenin azalan verimler yasasıdır. Sermayenin azalan verimler yasasının etkisi ile yoksul bölgelerin düşük tasarruf eğiliminin ortaya çıkardığı etkiler karşılaştırıldığında, düşük tasarruf eğiliminin etkisinin ağır bastığı görülmektedir. Sermayenin azalan verimler yasası gereği yakınsama olgusunun ortaya çıkabilmesi için, görece yoksul kesimlerde sermaye oluşumu gereklidir. Sermaye oluşumu için yatırım, yatırım için ise tasarruf hacmi belirleyicidir. Görece yoksul bölgelerde de tasarruf hacmi düşük olduğundan, yatırımlar kısıtlı kalmaktadır. Toplulaşmanın yaşandığı bölgeler ile diğer bölgelerarasında bir ıraksama olgusundan bahsedilmesi bu nedenle yanlış olmayacaktır. Büyüyen, kentleşen, göç alan ve sermaye biriktiren bölgeler bu nedenle, göç veren ve görece yoksul kalan bölgelerden ıraksamaktadırlar. Bu durum kulüp yakınsamasını söz konusu kılmaktadır. Bu tespite karşı görüşler de söz konusudur. AB üyelerini kapsayan bir çalışmaya göre, Toplulaşma, yakınsama açısından olumsuz etkiye sahiptir. Avrupa'nın 208 bölgesini kapsayan analizde, yüksek yoğunluğa sahip bölgelerde, daha düşük hızla büyüme eğilimi görülmüştür (Bosker, 2007). Aynı kapsamda yapılan başka bir çalışma bu yakınsama olgusunun kaynaklarının kamu politikaları olduğu görüşünü savunmaktadır. AB içinde önemli bir yere sahip olan yapısal fonlar genellikle ulaşım altyapısını finanse ettiğinden ve diğer yayılma etkilerinden dolayı bölgelerarası gelir dağılımını düzeltici etkiye sahiptir. (Dall'erba, , Le Gallo, 2008). Yine aynı çalışmaya göre, yayılma etkilerinin, merkez bölgelerden, çevre bölgelere gelir yakınlaşması sağladığını göstermektedir. Avrupa bölgelerarası yakınsama/ıraksama analizlerinde özel bir durum teşkil etmektedir. örneğin yukarda süre giden tartışma kapsamında bir başka görüş de Avrupa'da bölgelerarası kıyaslamada, emek verimliliğinin daha düşük olduğu bölgelerin, kıyasla daha yüksek bölgelere göre daha hızlı büyüdüğü görülmüştür. Teknik değişim Avrupa'da gözlemlenen yakınsama olgusunun temel nedeni olarak ortaya çıkmıştır. (Delgado-Rodriguez, Alvarez-Ayusa, 2008)

Yapılan yatırımlar yalnız yatırım yapılan bölgeleri değil, çevre bölgeleri de olumlu etkilemektedir. Merkez ve çevre bölgeler teknik değişimden kaynaklanan gelir artışlarından yararlanmaktadırlar. Teknik değişim, bölgelerarasında da yatırım miktarına bağlı olarak farklılık göstermektedir. Teknik değişimdeki fark da ıraksama olgusunu ortaya çıkarmaktadır. Çin üzerine yapılan bir araştırmaya göre, Çin'deki yüksek büyümeye rağmen, bölgelerarası gelir dağılımında eşitsizlikler artmıştır. Bu durumun en önemli nedeni, büyümenin ana kaynağı olan AR-GE faaliyetlerinin belli bölgelerde yoğunlaşmasıdır. Bölgelerarası gelir dağılımı da AR-GE faaliyetleri ve bu faaliyetlerin yapıldığı bölgelere uzaklıklardan etkilenmektedir. (Funke, Yu, 2009)

Bir bölgeye yatırımların yoğunlaşması, kamusal yatırımların da o bölgeye yoğunlaşması sonucunu doğurmakta, altyapı vb alanlarda kamusal yatırımlar yoğunlaşmaktadır. Benzer şekilde, bölgelerarası gelir düzeyleri arasındaki farkın azalması için de benzer yatırımlar yoluyla bölgelerarası farkların azaltılması gerekmektedir. 1970-94 arası verilere dayanılarak yapılan ampirik bir çalışmada, Hindistan'da eyaletler arasında ß-yakınsaması gözlemlenmiştir. Bu yakınsama altında yatan en önemli faktörler, ulaşım altyapısındaki iyileşmeler ve finansal altyapı yatırımlarının artmasıdır. (Nagaraj, Varoudakis, Veganzones, 2000)

Teknik değişimdeki fark verimlilik farkı olarak da gözlemlenmektedir. Dolayısıyla verimlilik yakınsama/ıraksama dinamikleri arasında önemli bir yere sahiptir. Düşük verimlilik düzeyine sahip ülkelerde bölgeler birbirlerine benzeme eğilimindedirler, dolayısıyla yakınsama söz konusudur. Yüksek verimliliğe sahip bölgelerarasında da yakınsama olgusu görülmektedir. (Gianetti, 2002)

1950-73 arası verilere dayanarak yapılan ampirik bir çalışmada, OECD ülkelerinde yakınsama ile TFV yakınsamasının beraber gerçekleştiği görülmüştür (Dowrick, Nguyen, 1989). TFV yakınsaması ancak beşeri sermaye ya da fiziki sermaye yakınlaşmasıyla söz konusu olmaktadır.

Yatırımlar ve teknik değişim bölgelerarası homojenleşmeyi belirler. Yakınsama tartışmalarının odağında, bölge ekonomileri arasında homojenleşme mevcut mu sorusu da bulunmaktadır. Yapılan ampirik çalışmalarda, homojenleşmenin olmadığı durumlarda kutuplaşma (polarizasyon) ve ikili yapı (bimodalite) durumlarının ortaya çıktığı ispat edilmiştir. Bunun anlamı, birbirine benzeyen yapıların birbirlerine yakınsamaları ancak diğer yapılardan ıraksamaları durumunun ortaya çıkmasıdır. (Bianchi, 1997)

Ekonomilerde oluşan dual yapılar, örneğin Çin üzerine yapılan bir çalışmada tespit edildiği gibi (Bishop ve Chiou, 2004), şehirlerde sermaye yoğun yüksek teknolojili sektörlerin yoğunluğu ile kırsal bölgelerde işgücü yoğun düşük teknolojili tarım ve sanayi gibi bir yoğunlaşma, kentsel/kırsal gelir farkının açılmasına neden olmaktadır.

Bölgelerarası yakınsama dinamiklerinde önemli bir diğer konu da, ekonomideki dual sektörel yapıdır. Sanayileşme süreci boyunca, gelir dağılımının bozulması beklenir. Sanayileşme için iki model yol etkili görülmektedir. Birincisi, öncü bir sektörün gelişmesi ve o sektörün kaynak yaratarak diğer sektörleri geliştirmesidir. Benzer şekilde ikinci yol ise, öncü sektörün talep yoluyla diğer sektörleri geliştirmesidir. (Murphy, Shleifer, Vishny, 1989)

Öncü sektörün gelişmesi sürecinde, gelir dağılımı bozulurken, yarattığı talep ile diğer sektörlerin gelişmesi sürecinde gelir dağılımının düzelmesi beklenir. Gelir dağılımı ile sanayileşme arasında güçlü bir ilişki bulunmaktadır. Özellikle nüfusun belli bir bölümünün yine belli bir gelir seviyesi üzerinde olması durumunda tüm sektörler beraber gelişebilirler. (Murphy, Shleifer, Vishny, 1989)

Sermaye birikimi ekonomideki tasarruf hacmine bağlıdır. Bir ekonomide tasarrufların yatırımları aşması halinde (savings gap) gelir dağılımı eşitsizliği artma eğilimine girer (Oskooee vd, 2012). Dolayısıyla tasarrufların yatırıma dönüşme oranı artıkça gelir dağılımı eşitsizliğinin azaldığı kabul edilebilir.

Sermaye birikimi çeşitli yollardan sağlanabilir. Sermaye birikiminin borçlanarak sağlanması, sürdürülebilir sermaye birikimi söz konusuysa, gelir dağılımı üzerinde olumlu bir etkiye sahip olacaktır. Olumlu etkinin temel nedeni sermaye birikim sürecidir. Ancak borç temelli sermaye birikim süreci içinde dış şoklar sermaye birikimini durduracak hatta geriletecektir. Bu durum eş zamanlı olarak gelir dağılımını bozucu bir etkiye sebep olacaktır. (Nishi, 2012)

Sermaye birikiminin temel belirleyicisi olan tasarruflar da gelir dağılımı ile doğrudan ilişkilidir. Gelir dağılımı bozuldukça ve görece zengin kesimler daha fazla gelir elde ettikçe tasarruf hacmi artacaktır. Kalecki ve Keynesci yaklaşımlara göre, ülke gelirinin büyük bir bölümünün zengin bir azınlıkta toplanması, ancak bu azınlığın sermaye birikimine katkıda bulunan tasarruf eğilimleri ile kabul edilebilir bir durumdur. Eğer sermaye birikimi sağlanmakta ise; büyüme ye eşlik eden gelir dağılımı eşitsizliği artışı ekonomiler için katlanabilir bir sonuç olacaktır. (BM UNCTAD, 1997)

Neo-Kaleckien yaklaşıma göre, fonksiyonel gelir dağılımındaki bozulma kadar, bozulmanın hacmi ve bozulmanın kâr yönlü olup olmaması da gelir dağılımı ekonomik büyüme arasındaki ilişki açısından belirleyicidir. (Palley, 2012)

Sermaye birikimi ve gelir dağılımı üzerine yapılan çalışmalarda, "sermayenin azalan verimler kanunu" üzerine kurulmuş olan "yakalama hipotezi" ağırlıklı yer almaktadır. Ancak yakalama hipotezi ampirik çalışmalarla ispat edilememiş ve teorik olarak da çok tartışmalı bir hipotez niteliğindedir.

Yakalama hipotezinin aksini gösteren teorik yaklaşamlar mevcuttur. Yakalama hipotezinin önerdiği gibi yoksul ülkelerin zengin ülkelerden hızlı büyümeye eğilimli olmaları bazı durumlarda geçersiz kalmaktadır. Bunun nedeni, zengin ülkelerde teknik değişim yoluyla TFV artmasıdır. Teknik değişim için gerekli kaynaklar zengin ülkelerde daha fazla mevcuttur. (Taşkın, Zaim, 1997)

Teknoloji maliyetsiz olmadığından ve ölçek etkinliği her zaman zengin kaynaklara sahip olanlardan yana olduğundan yakalama tezini kabul etmemektedir. Quah da çalışmasında (1996), "ülkelerin değil, gelir dağılımının davranışının önemli olduğunu" dolayısıyla da göreli olarak düşük gelire sahip olan ülkelerin, gelir dağılımında düşük dilimlerde kalmaya eğilimli olduklarını ortaya koymuştur. Bu durumun nedeni, TFV'nde görece yoksul ekonomiler, görece zengin ekonomilere karşı her daim dezavantajlı olmalarıdır.

İçsel büyüme modeli de, ölçeğe göre artan getiriler yasasına dayanarak, yakınsama söz konusu olmadığını hatta eşitsizliklerin kalıcı olduğu ve artma eğiliminde olduğunu ortaya koymaktadır. (Paas, Kuusk vd, 2007)

AB'ye yeni üye olmuş doğu bloğu ülkeleri üzerine yapılan bir çalışmaya göre, Neo Klasik büyüme modelinde yerini bulan, yeniden üretilebilir sermayenin düşen verimleri yasasından, gelir düzeyleri yakınsama gösterir. (Paas, Kuusk vd, 2007)

Yukarıdaki bulguya ters bulgulara sahip çalışmalar da mevcuttur. Bonesmo ve Fredriksen 2012 yılında yaptıkları çalışmada, AB'deki genişleme süreci sonunda gelir eşitsizliğinin arttığını ortaya koymuşlardır.

Ayrıca, Avusturya için yapılmış olan ampirik bir çalışmada, ß-yakınsaması tespit edilmiştir. Yakınsama hızı çok düşüktür. Yakınsamanın nedeni olarak, yakalama hipotezinin önerdiği gibi yoksul olmak değil, sektörel yapılarda bölgelerarası benzeşme olduğu tespit edilmiştir. (Hofer, Wörgötter, 1997)

Gelir dağılımı piyasa güçlerini de şekillendirmektedir. Örneğin, görece yoksul kesimler piyasada daha ucuz ürün aradıklarından, gelir dağılımı eşitsizliği arttıkça, üretimde ve piyasada etkinliğin artması yönünde üreticiler üzerinde baskı oluşmaktadır. Üreticiler, daha etkin üretim ve fiyat farklılaşması yollarını seçmektedirler. (Simhon, Fishman, 2011)

3.5.Bölgesel Ekonomik Yoğunlaşmanın Etkileri

Nüfusun göç etmesine benzer bir şekilde, tüm ekonomik faktörlerin, bir bölgede toplulaşması, bölgelerarası gelir düzeyleri arasında farklılaşmaya neden olmaktadır. Bu açıdan, ekonomik toplulaşma (agglomeration) yakınsama/ıraksama dinamiklerinden bir diğeri olarak ortaya çıkmaktadır. Toplulaşma, ekonomik yapıların bir araya gelmesi, kentleşme ve göç olgularının tümünü barındırmaktadır. Ayrıca yatay ve dikey kümelenmeler yoluyla verimlilik artışları, maliyetlerdeki azalmalar vb etkiler de söz konusu olmaktadır.

Toplulaşma durumunun nedenleri çeşitlidir. Ancak en öne çıkan neden ekonomik zenginliktir. Bir bölgenin diğerlerinden ekonomik olarak gelişmiş ve daha fazla refah üretir durumda olması, o bölgeye işgücü ve sermaye akımını da beraberinde getirmektedir. Göçle birlikte artan ve yoğunlaşan nüfus, geniş pazar imkanları sağlamaktadır. Ayrıca, işgücü piyasalarında genişleme söz konusu olmakta, üretime katılan işgücünün niteliği artmaktadır. Yayılma etkisiyle, işgücü verimlilik seviyeleri de artmaktadır. Gelir dağılımında işgücünün niteliği oldukça belirleyicidir, ayrıca, işgücüne mirasla ya da ivasız aktarılan refah da önemlidir (Atkinson, 1997). Birkaç nesil boyunca, toplulaşmanın ve gelirin yüksek olduğu bölgede yaşayan bireylerin, diğer bölgelerde yaşayan bireylere göre gelir bazında önemli avantajları söz konusu olmaktadır.

Ekonomik toplulaşma ve göç benzer hareket eğilimlerine sahiptir. Bu yüzden göçe neden olan faktörler, ekonomik toplulaşma için de bir neden olarak kabul edilebilir. Bir bölgede gelir arttıkça o bölge daha fazla göç çekmektedir. Ampirik kimi çalışmalara göre bir bölgedeki, gelirin artış oranının % 2si kadar göç alma durumu tespit edilmiştir. (Barro, Sala-i Martin, Tarihsiz). Net göç alımı kişi başına gelirle doğrudan aynı yönlü ilişkilidir. (Barro, Sala-i Martin, 1990)

Toplulaşmanın doğrudan sonucu olmasa dahi, büyük oranda genel bir sonucu da kentleşmedir. Ancak toplulaşma sonucu bazı bölgelerde sermaye yoğunluğu yaşanmakla birlikte, sermayenin azalan verimler yasası gereği düşük sermaye stoğuna sahip yoksul bölgeler daha hızlı büyümektedirler. (Barro, Sala-i Martin, 1990). Barro ve Sala-i Martin'in bu bulguları teknoloji seviyesinin sabit kaldığı varsayımında doğrudur. Önceki bölümde tartışıldığı üzere, sermayenin azalan verimler yasasından çok daha etkili olan TFV artışları ve yayılma etkileri ıraksama ihtimalini daha fazla ortaya çıkarmaktadır.

Toplulaşmanın yaşandığı bölgeler görece daha zengin bölgelerdir. Bir bölge ne kadar yoksul olursa tasarruf eğilimi o kadar düşük olur. Dolayısıyla, yatırım düzeyleri düşük kaldığından yakınsama olgusu zora girer (Ben David, 1998). Yatırım düzeylerinin ve gelir seviyesinin düşük kalması, toplulaşma olgusunda, yoksul bölgelerin terk edilen bölgeler olmasına neden olmaktadır. Bu durumda, yoksul bölgeler, diğer tüm dezavantajlarının yanında, toplulaşma kaynaklı da gelir düzeyi farklılaşmasında, zengin bölgelerden ıraksamaktadırlar. Sanayinin belli bölgelerde yoğunlaşması diğer bölgeleri olumsuz etkilemekte ve yakınsamayı yavaşlatmakta ya da ıraksamaya neden olmaktadır. (Karaalp, Erdal, 2012)

Bölgesel ekonomik yoğunlaşmalar genellikle kırsal ve kentsel bölge ayrımını netleştirmektedir. ABD üzerine yapılan bir araştırmaya göre, metropolitan bölgeler ile metropolitan olmayan bölgeler, kentsel ve kırsal bölgeler, birbirlerinden ıraksamaktadır. Birbirlerine benzeyen bölgeler birbirlerine yakınsamaktadır ve bu yakınsamanın temelinde beşeri ve fiziksel sermaye birikimi gelmektedir. Göç ve sermayenin azalan getirileri beklentisinin yakınsama/ıraksama dinamiklerini çok fazla etkilemediği gözlemlenmiştir. Metropolitan bölgelerdeki ekonomik yoğunlaşmanın kırsal bölgelerden ıraksamanın nedenleri arasında kuvvetli bir yeri olduğu saptanmıştır. (Hammond, 2006)

Bölgelerarası gelir dağılımı analizlerinde ortaya çıkan en önemli sorunlardan bir diğeri, sınırları aşan gelir akımlarıdır. Bu gelir akımları, kimi zaman analizleri yanlış yöne çekebilmektedir (Pyatt, 2001). Her ne kadar bölgesel yoğunlaşma bir bölgedeki üretimi artırsa da, üretimden elde edilen gelirin diğer bölgelere akımı, özellikle aile içi akımlar, ıraksamanın boyutlarını olduğundan düşük çıkması sonucunu doğuracaktır.

3.6. Gelir Dağılımı Dinamiği Olarak Kamusal Müdahaleler

Kamusal tüm ekonomik hareketler/eylemler gelir dağılımını doğrudan ya da dolaylı etkileme potansiyeline sahiptir. Kamunun, ekonomide oluşan geliri, ekonomi politikaları gereğince yeniden dağıtması beklenir. Etkinlik/adalet ödünleşiminde ekonomi politikaları belirleyici, kamu müdahaleleri sonuçlandırıcı niteliktedir.

Daha önce bahsi geçtiği üzere kamunun elinde önemli müdahale araçları bulunmaktadır. Para ve maliye politikaları bunların başında gelmektedir. Maliye politikaları içinde de gelir ve harcama politikaları ekonomi ve gelir dağılımı açısından önemli etkiye sahiptir.

Kamunun gelirler politika araçları vergilerdir. Gelir dağılımı açısından, vergi sisteminin ağırlıklı yapıcı (progressive) vergilerden oluşması kişisel gelir dağılımı eşitsizliklerini azaltıcı etkiye sahiptir. Bu durumun bölgelerarası gelir dağılımı içinde geçerli olacağı ortadadır. Vergi oranlarının değiştirilmesi de vergi yapısının değiştirilmesi kadar önemlidir. Vergi oranlarındaki değişimlerin en öne çıkan etkisi vergi öncesi gelir dağılımı eşitsizliğine doğrudan etki etmesidir (Penalosa, Turnovsky, 2011).

Vergi sisteminde, dolaylı/dolaysız vergilerin ağırlıkları gelir dağılımı üzerinde bozucu/düzeltici etkiye sahip olabilecektir. Bir başka anlatımla vergi sisteminde dolaysız vergilere ağırlık verilmesi ve bu vergilerin de gelire göre tahakkuk ettirilmesi, gelir dağılımı açısından olumlu etkiye sahip olacaktır. Gelir dağılımı vergi sistemi eliyle geliri zenginden yoksula akıttığı süreç içerisinde ekonomide tasarruf oranları düşme eğilimi gösterecektir. Bu durumun sonuçları önceki bölümlerde kapsamlı olarak açıklanmıştır.

Bir gelir dağılımı dinamiği olarak kamusal müdahaleler sadece vergilerden ibaret değildir. Harcamalar ve yatırımlar da sektörel ve bölgesel gelir dağılımı başta olmak üzere ekonomideki tüm gelir dağılımı yapısını değiştirebilecektir. Bölgelerarası gelir dağılımı bozulma eğilimine girdiğinde, maliye politikaları değiştirilmeden, geri kalmakta olan bölgeye yapılacak kamusal yatırımlar, liberal ekonominin temel ilkelerine ters olmakla birlikte, bölgelerarası gelir dağılımını düzeltici nitelikte olacaktır.

Arbitraj yaratmayacak bir sistemle, maliye politikaları, vergi ve teşvik sistemleri de yatırımlarla benzer etkiye sahip olacaktır.

Üretime yönelik mali müdahalelerin dışında, kamu başta göç olmak üzere pek çok alanda nüfusa yönelik müdahale gücüne de sahiptir. Göç ve tersine göçü özendirme ya da engellemeye yönelik tüm araçlar kamunun elinde bulunmaktadır. Nüfus artışını teşvik edecek mevzuatların hazırlanması ve uygulanmasını da ancak kamu gerçekleştirebilir.

Bir diğer önemli kamusal müdahale alanı istihdam politikaları alanıdır. Kamu uyguladığı pasif ve aktif istihdam politikaları yoluyla özellikle bölgelerarası gelir dağılımını doğrudan etkileyebilmektedir.

Çalışma yaşamına yönelik düzenlemelerle, emek verimliliğinden istihdam güvencesine kadar pek çok alanda etkide bulunabilme kapasitesine sahip olan kamu, gelir dağılımı açısından başrollerden birine sahiptir.

Kamunun doğrudan politikaları kadar, dışsallıklar yoluyla etkili olduğu kimi politikalar gelir dağılımı eşitsizliklerini azaltma etkisine sahiptir. Örneğin ulusal eğitim politikası, eğitimde fırsat eşitliği niteliğini de taşımakta ise, eğitim imkânları temelli oluşan gelir dağılımı eşitsizliklerini dolaylı olarak giderebilecektir. Yine çalışma hayatına yönelik kimi düzenlemelerin doğrudan olmasa bile dolaylı etkileri gelir dağılımı eşitsizliklerini azaltıcı niteliktedir.

Ancak kamunun bir diğer görevi de ekonomide sağlıklı büyümenin sağlanmasıdır. Büyüme politikaları etkinlik tercihli politikalar olduğundan adaletten ödün verilmesi gerekmektedir. Kamunun bu noktada normatif tercihleri, çok yönlü politikalar ya da hedefe yönelik etkin politikalar olabilmektedir. Sadece büyümeyi hedef edinen politikalar tercih edildiğinde, kamu bu kez de gelir dağılımını bozarak gelir dağılımına dolaylı olarak etki etmış olacaktır.

Özetle, gelir dağılımı alanında kamu, kullansın ya da kullanmasın en etkin araçlara sahiptir. Gelir dağılımı dinamikleri arasında bulunduğu kadar, diğer dinamikleri etkileme gücüne de sahiptir. Kamusal politikaları bölgelerarası farklılıkları, bölgelerarası gelir dağılımı farklılıklarının da en kuvvetli açıklayıcısı olacaktır.

II. KISIM: NİCEL ANALİZLER

4. TÜRKİYE'DE GELİR DAĞILIMI

Gelir dağılımına ilişkin literatür, genel olarak gelir grupları arasındaki gelir dağılımını, iş/meslek ekonomik işlev (fonksiyonel gelir dağılımı) temelli gelir dağılımını ya da ülkeler arası gelir dağılımını odak noktası kabul etmektedir..

Bölgelerarası gelir dağılımı kalkınmışlık farklılıkları temelinde değerlendirilmekte olan bir alandır. Kalkınmışlık farklılıklarına neden olan çeşitli faktörler, gelir dağılımı yakınsama/ıraksama olgusunun da temeli olarak değerlendirilmiştir. Literatürde, Garofalo ve Yamarik (2002) ve Erdoğan ve Ataklı (2012), sermaye yoğunlaşmasının ve yatırımlarla artan etkinliğin farklılaşmanın nedeni olduğunu savunmuşlardır. Benzer bir şekilde, Tamura (1991) beşeri sermaye farklılaşması kaynaklı bir yakınsama/ıraksama olgusu üzerinde dururken, Shioji (2004) ve Clark (2011) gelir dağılımının doğal süreçlerle belirlendiğini savunmaktadırlar.

Türkiye için, bölgelerarası gelir dağılımı analizlerine ilişkin yapılan çalışmalarda, bölgelerarası gelir dağılımı yakınsama/ıraksama dinamikleri açısından sınırlı bir çerçevede sonuçlara ulaşılmıştır.

Kamu maliyesi uygulama farklılıkları (Voyvoda,2012), bölge düzeyinde sektörel farklılaşmalar (Özsabuncuoğlu, Direkçi, 2012), iç göç (Kırdar, Saraçoğlu, 2012), bölgesel yapısal farklılıklar (Mutlu, 2012), genel ve bölgesel büyüme politikalarının etkileri (Yiğidim, 2012), verimlilik farklılıkları (Tuncer, Özuğurlu, 2004) ve kamu müdahaleleri/kamu bankalarının etkinliği (Önder ve Özyıldırım, 2012) gibi faktörler çalışmalarda ön plana çıkmaktadır.

Yapılan çeşitli ampirik çalışmalarda da (Tuncer, Özuğurlu, 2004 ve Elvan, Tarihsiz gibi) bölge yapıları çok genel olarak ele alınmış olup en fazla İBBS I yani 12 bölge ele alınmıştır. İBBS II yani 26 bölgenin ele alındığı gelir dağılımı analizlerine rastlanamamıştır.

4.1. Bölgelerarası Gelir Dağılımı Analiz Teknikleri

Bölgelerarası gelir dağılımı yakınsama/ıraksama analizleri literatürünü dünya geneli için yapılmış teknik çalışmalar şekillendirmiştir. Genellikle ülkeler arası gelir dağılımı analizleri yapılan bu çalışmalarda kullanılan ekonometrik yöntemler açısından öne çıkanlar, Quah (1996), Durlauf ve Quah (1999), Durlauf, Johnson ve Temple (2005), Ermisch (2004), Hsaio (2003) ile Phillips ve Sul (2007)'un çalışmalarıdır. Bu çalışmaların ortak noktası panel data üzerinden, zaman serileri ve OLS (Ordinary Least Squares) yöntemleriyle gerçekleştirilmeleridir.

Bölgelerarası gelir dağılımı analizlerinde kullanılan bu teknikler, çeşitli karar birimlerinden oluşan bir grubun gelir düzeylerinin (kişi başı) birbirlerine yakınsayıp yakınsamadıklarının analizi için olduğu kadar varsa ortak kararlı denge seviyesinin tespiti için de kullanılmıştır. Bu yaklaşımın içinde barındırdığı en büyük sıkıntı "bir ortak kararlı denge düzeyinin varlığı" varsayımıdır. Bu varsayım kuvvetsiz olduğu kadar, ekonometrik yöntemlerin güvenilirlik düzeyini de düşürmektedir.

Ekonometrik analizlere karar birimleri olan ülkelerin/bölgelerin toplu sokulması alan açısından sakıncalı bir durumu daha içermektedir. Gelir dağılımı alanında yalnızca toplu bir yakınsamanın varlığı değil varsa kulüp yakınsaması ve kutuplaşma olgularının varlığı da önem taşımaktadır. Bu bakış açısıyla, toplu değerlendirmelerden çok, detaylı değerlendirmeler önem taşımaktadır.

Analizde kullanılacak olan karar birimleri olan bölgelerarasında, kişi başına gelir düzeylerinin topluca birbirlerine yakınsaması ya da ıraksaması basitçe, karar birimlerinin tümünü içine alan varyans katsayısı analizi ile tespit edilebilir. Şöyle ki:

VAR ($B_{1,t}$; $B_{2,t}$; $B_{3,t}$; ...... ; $B_{n,t}$) : t zamanında bölgeler B_1, B_2, ..., B_n 'nin kişi başına gelirlerinin varyans katsayısı olursa ve örneğin bir K_t değerine sahipse;

VAR ($B_{1,t+1}$; $B_{2,t+1}$; $B_{3,t+1}$; ...... ; $B_{n,t+1}$) : t+1 zamanında (bir sonraki ölçüm zamanında) bölgeler B_1, B_2, ..., B_n 'nin kişi başına gelirlerinin varyans katsayısı olacaktır ve örneğin K_{t+1} değerine sahip olacaktır.

Bu durumda, $K_{t+1} < K_t$ durumu söz konusu olduğunda bölgelerarası toplu bir yakınsamadan $K_{t+1} > K_t$ durumu söz konusu olduğunda da toplu bir ıraksamadan bahsedilmesi gerekecektir.

Ayrıca her yıl için kişi başına gelirin farklılaşması ile diğer faktörlerin farklılaşması arasında kurulacak korelasyon ilişkisi, analiz kapsamında yakınsama/ıraksama dinamiklerinin belirlenmesini sağlayacaktır.

Bölgelerarası gelir dağılımı yakınsama/ıraksama analizlerinde göz ardı edilmemesi gereken bir diğer durum ikili karşılaştırmalardır. Bu karşılaştırmalar, iki bölgenin dönem başı kişi başı gelirlerinin oranlarının dönem sonundaki kişi başı gelirlerinin oranlarıyla karşılaştırılmasıdır. Bu analiz sonucunda, küçük grup yakınsamaları tespit edilebilir. Bu tespitler kulüp yakınsaması durumlarının ortaya koyulmasına yardımcı olacaktır. Yine bu analizler sonrasında varsa literatürde sıkça vurgu yapılan bölgelerarası gelir dağılımında, polarizasyon (kutuplaşma) olgusunun söz konusu olup olmadığı tespit edilecektir. Böyle bir durumun varlığının ispatı birden fazla kararlı denge durumunun bölgelerarasında varlığını ortaya koyacaktır. Bu durumda oluşan kutuplar/gruplar arasında yeniden varyans katsayısı analizi yapılarak bu durumun kesinleştirilmesi gerekmektedir. Alt grup varyans analizlerinde, bütün grup varyans katsayısından yüksek varyans çıktığı takdirde grup yakınsaması ispat edilmiş olacaktır.

Ülke içi ve bölgelerarası gelir eşitsizlikleri konusunda yapılan çalışmalarda, özellikle öne çıkan Azzoni (2001) Brezilya bölgeleri için, Barro ve Sala-i Martin (1992) ABD metropolitan şehirleri ve eyaletler için, Neven (1995) AB bölgeleri için ve Jian vd (1996) Çin bölgelerarası gelir eşitsizlikleri üzerine yaptıkları çalışmalarda içsel büyüme kuramı temelli analizler gerçekleştirmişlerdir.

Bu analizlerde öne çıkan yaklaşım, öncelikle β yakınsamasının test edilmesidir. Bir başka anlatımla, öncelikle test edilen, alanda genel kabul gören "baz etkisi"'nin saptanmasıdır. Bu yaklaşıma göre, başlangıç gelir seviyesi daha düşük olan bölgelerin, daha yüksek olan bölgelere kıyasla daha yüksek oranda büyüyecekleri tezinin sınanmasıdır. Öne çıkan tüm çalışmalarda, bu tez sınanmış ve kabul edilmiştir. Ancak ilişkinin kuvveti değişkenlik göstermektedir. Bu değişkenliğin nedeni olarak da test edilen bölgelerin içinde bulundukları ekonomilerin yapısal farklılıkları gösterilebilir.

Barro (1996) çoklu regresyon analizi ile etki eden faktörleri belirlemeye çalışmış, teoriyle tutarlı sonuçlara ulaşmıştır. Etki eden faktörler arasında en yüksek etkiye sahip olan faktörlerin, beşeri sermaye ile işgücü ve sermayenin mobilitesi olduğunu ortaya koymuştur. Bu çalışmanın ardılları olan hemen tüm çalışmalar benzer bir yaklaşımla, önce β yakınsaması sonrasında eklenen kukla değişkenlerle, regresyon analizi ile yakınsama/ıraksama olgusunun temel dinamiklerini çözümleme yolunu tercih etmişlerdir.

Türkiye için yapılan çalışmalar için de benzer bir durum söz konusu olmakla birlikte, ana akım alan çalışmalarının Barro ve Sala-i Martin (1992), Sachs vd (2002), Sala-i Martin (1996) vb çalışmalarda kullanılan yöntemlerden farklı bir yaklaşım ihtiyacı ortaya çıkmıştır. Özellikle β yakınsamasının görece karmaşık yapısına dayalı sonuçlarından uzaklaşılmış ve σ yakınsaması, analizlerin temelini oluşturmuştur. σ yakınsaması β yakınsamasından farklı olarak, basitçe bölgelerarası gelir dağılımının standart sapması ya da varyans katsayısına dayanılarak analiz edilmesini öngören bir yaklaşımdır. Varsayımlardan arınmış olması ve temel bir yöntemi benimsemesi nedeniyle σ yakınsama analizinin β yakınsama analizinden daha güçlü sonuçlar verdiği kabul edilmektedir.

Bu kapsamda Türkiye için yapılan bölgelerarası gelir dağılımı analizlerinde öne çıkan çalışmalar arasında, Karaca (2004), Altınbaş vd (2002) ve Berber vd (2000) gibi çalışmalarda σ yakınsama analizlerinin daha fazla kullanıldığı görülmektedir. Özellikle Karaca (2004) çalışmasında 1975-2000 yıllarını kapsayan 25 yıllık dönem için yaptığı analizde σ yakınsama analizi gerçekleştirmiş ve 25 yıllık süreç içine toplam % 33 düzeyine yaklaşan iller arası ıraksama durumunu ortaya koymuştur.

Ekonomi içi, bölgelerarası gelir dağılımı yakınsama/ıraksama analizlerinde σ-yakınsama analizlerinin ağırlıklı kullanılmasının ve regresyon analizlerinden daha sağlıklı sonuç vermesinin nedeni, bölgelerarası heterojenleşme olgusudur. Birbirlerine benzemeyen bölgesel ekonomik yapıların homojen yapılar oldukları varsayımıyla yapılan analizlerin, etki eden faktörlerin (bağımsız değişkenlerin) etki güçlerini istatistiki olarak anlamsız çıkarması doğaldır. Ekonometrik analizlerde bağımlı değişkeni tanımlayan bağımsız değişkenler arasında güçlü ilişki bulunması "multicollinearity" (çoklu bağıntı) sorununu ortaya çıkarmaktadır. Bölgelerarası gelir dağılımı için ele alınan bölgelerin her biri için multicollinearity sorunu farklı faktörler arasında söz konusudur. Bu durum örneğin göç/gelir ilişkisi gibi her bölge için aynı olan faktörler söz konusu olduğunda aşılabilir bir sorun olmakla birlikte, eğitim/göç/TFV gibi her bölge için farklılaşan faktör grupları söz konusu olduğunda daha derin bir sorun haline gelmektedir. Regresyon analizinin sonuçlarını zayıflatan bu durumun temel nedeni bölgelerarası sektör yoğunluk farklılıklarının çok yüksek olmasıdır.

4.2. Veri Seti

Türkiye'de bölgelerarası gelir dağılımı analizi çerçevesinde yapılacak analizin, kıyaslamaya konu olan birimleri istatistiki bölgelerdir. Türkiye'nin Avrupa Birliğine uyum sürecinde Devlet İstatistik Enstitüsü (şimdiki adı Türkiye İstatistik Kurumu (TUİK)) ve Devlet Planlama Teşkilatı (şimdiki adı Kalkınma Bakanlığı) 2004 yılında Türkiye'yi 3 ayrı sınıflandırma ile istatistiki bölgelere ayırmışlardır. Bu bölgeler İstatistiki Bölge Birimleri Sınıflandırması (İBBS) ya da AB'deki orijinal adıyla NUTS olarak bilinmektedir. Bu sınıflandırma şu şekildedir:

Tablo 1. İBBS Sınıflandırma Tablosu

İSTATİSTİKİ BÖLGE BİRİMLERİ SINIFLANDIRMASI (İBBS)						
DÜZEY 1 (12 Bölge Birimi)		DÜZEY 2 (26 Bölge Birimi)		DÜZEY 3 (81 İl Düzeyinde)		İl Trafik Kodu
Kod	Tanım	Kod	Tanım	Kod	Tanım	
TR	TÜRKİYE					
TRA	KUZEYDOĞU ANADOLU	*TRA1*	ERZURUM	TRA11	ERZURUM	25
				TRA12	ERZİNCAN	24
				TRA13	BAYBURT	69
		TRA2	AĞRI	TRA21	AĞRI	4
				TRA22	KARS	36
				TRA23	IĞDIR	76
				TRA24	ARDAHAN	75
TRB	ORTADOĞU ANADOLU	*TRB1*	MALATYA	TRB11	MALATYA	44
				TRB12	ELAZIĞ	23
				TRB13	BİNGÖL	12
				TRB14	TUNCELİ	62
		TRB2	VAN	TRB21	VAN	65
				TRB22	MUŞ	49
				TRB23	BİTLİS	13
				TRB24	HAKKARİ	30
TRC	GÜNEYDOĞU ANADOLU	*TRC1*	GAZİANTEP	TRC11	GAZİANTE	27
				TRC12	ADIYAMAN	2
				TRC13	KİLİS	79
		TRC2	ŞANLIURFA	TRC21	ŞANLIURFA	63
				TRC22	DİYARBAKI	21
		TRC3	MARDİN	TRC31	MARDİN	47
				TRC32	BATMAN	72
				TRC33	ŞIRNAK	73
				TRC34	SİİRT	56
TR1	İSTANBUL	*TR10*	İSTANBUL	TR100	İSTANBUL	34
TR2	BATI MARMARA	*TR21*	TEKİRDAĞ	TR211	TEKİRDAĞ	59
				TR212	EDİRNE	22
				TR213	KIRKLAREL	39
		TR22	BALIKESİR	TR221	BALIKESİR	10
				TR222	ÇANAKKAL	17
TR3	EGE	*TR31*	İZMİR	TR310	İZMİR	35
		TR32	AYDIN	TR321	AYDIN	9
				TR322	DENİZLİ	20
				TR323	MUĞLA	48
		TR33	MANİSA	TR331	MANİSA	45
				TR332	AFYONKAR	3
				TR333	KÜTAHYA	43
				TR334	UŞAK	64

İSTATİSTİKİ BÖLGE BİRİMLERİ SINIFLANDIRMASI (İBBS)						
DÜZEY 1 (12 Bölge Birimi)		DÜZEY 2 (26 Bölge Birimi)		DÜZEY 3 (81 İl Düzeyinde)		İl Trafik Kodu
Kod	Tanım	Kod	Tanım	Kod	Tanım	
TR	TÜRKİYE					
TR4	DOĞU MARMARA	*TR41*	BURSA	TR411	BURSA	16
				TR412	ESKİŞEHİR	26
				TR413	BİLECİK	11
		TR42	KOCAELİ	TR421	KOCAELİ	41
				TR422	SAKARYA	54
				TR423	DÜZCE	81
				TR424	BOLU	14
				TR425	YALOVA	77
TR5	BATI ANADOLU	*TR51*	ANKARA	TR510	ANKARA	6
		TR52	KONYA	TR521	KONYA	42
				TR522	KARAMAN	70
TR6	AKDENİZ	*TR61*	ANTALYA	TR611	ANTALYA	7
				TR612	ISPARTA	32
				TR613	BURDUR	15
		TR62	ADANA	TR621	ADANA	1
				TR622	MERSİN	33
		TR63	HATAY	TR631	HATAY	31
				TR632	KAHRAMAN	46
				TR633	OSMANİYE	80
TR7	ORTA ANADOLU	*TR71*	KIRIKKALE	TR711	KIRIKKALE	71
				TR712	AKSARAY	68
				TR713	NİĞDE	51
				TR714	NEVŞEHİR	50
				TR715	KIRŞEHİR	40
		TR72	KAYSERİ	TR721	KAYSERİ	38
				TR722	SİVAS	58
				TR723	YOZGAT	66
TR8	BATI KARADENİZ	*TR81*	ZONGULDAK	TR811	ZONGULDA	67
				TR812	KARABÜK	78
				TR813	BARTIN	74
		TR82	KASTAMONU	TR821	KASTAMON	37
				TR822	ÇANKIRI	18
				TR823	SİNOP	57
		TR83	SAMSUN	TR831	SAMSUN	55
				TR832	TOKAT	60
				TR833	ÇORUM	19
				TR834	AMASYA	5
TR9	DOĞU KARADENİZ	*TR90*	TRABZON	TR901	TRABZON	61
				TR902	ORDU	52
				TR903	GİRESUN	28
				TR904	RİZE	53
				TR905	ARTVİN	8
				TR906	GÜMÜŞHAN	29

Kaynak: TUİK

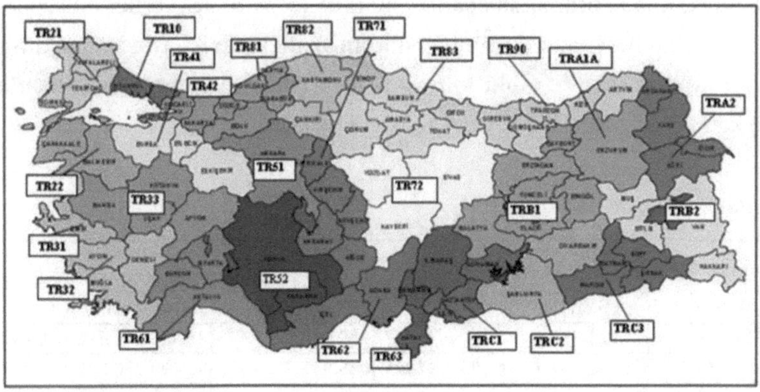

Bu çalışmada bölgelerarası gelir dağılımı analizi, İBBS Düzey 2 (26 Alt Bölge) sınıflandırmasıyla yapılmıştır.

Bölgelerarası gelir dağılımı analizlerinde kullanılacak veri öncelikle yukarıda tanımlanan bölgeler düzeyinde kişi başına GSYİH (baz yıla indirgenmiş) değerleridir. Resmi olarak İBBS2 düzeyinde veriler 2004 yılından başlamaktadır. İller düzeyindeki ham veriler ise 1975 (DİE ve DPT verileri) yılından itibaren mevcuttur. Bu veriler il bazında cari kişi başı GSYİH değerleridir. İl bazında mevcut olan bu veriler 1975-2001 yılları arasındaki tüm yılları kapsamakta ancak 2001 yılında sona ermektedir. Daha sonraki yıllara ait veriler en düşük seviyesi İBBS2 düzeyi olan bölge bazlı, kişi başı katma değer verileridir. TUİK "katma değer" verileri için yayınladığı tanımlamada, "çıktılar ile bu çıktıların üretilmesi sürecinde kullanılan girdiler arasındaki fark"[3] çerçevesini çizmektedir. Bölge düzeyinde gelir verisi olmadığı için 2004 sonrası dönem için (gelire en yakın tanıma sahip olduğu için) bu veri kullanılmıştır. 2001-2004 arası veri bulunmayan zaman diliminde bölgelerarası gelir dağılımının değişmediği varsayılmış, 2001'den 2004 verilerine geçiş yapılmıştır.

1975-2001 arasında mevcut bulunan il bazında cari fiyatlarla kişi başı GSYİH 1987 fiyatlarına deflate edilmiştir. 2004-2012 döneminde bölgesel düzeyde cari fiyatlarla kişi başı GSYİH (KBGSYİH) verileri ise, GSYİH hesaplama yönteminde yapılan değişiklikten dolayı, 1998 fiyatlarına deflate

---

[3] http://www.tuik.gov.tr/PreTablo.do?alt_id=1075 Erişim: Aralık 2013

edilmiştir. Araştırma kapsamında analize dahil edilecek temel veriler bu sebeple iki ayrı zaman dilimine bölünmüştür. Bu durum analizin de iki ayrı zaman dilimi için ayrı ayrı yapılmasını zorunlu kılmıştır. Baz yıla indirgeme için kullanılan indirgeme katsayıları yıllar itibariyle Tablo 2'de gösterilmiştir.

Tablo 2. Yıllar İtibariyle Deflatörler

Yıllar	Cari Fiyatlarla GSYİH	1987 Fiyatlarıyla GSYİH	Deflatör	***Yıllar***	Cari Fiyatlarla GSYİH	1998 Fiyatlarıyla GSYİH	Deflatör
1987	74.721.925	74.721.925	***1***	***2004***	559.033.025.861	83.485.590.611	***6,696***
1988	129.224.505	76.306.292	***1,693***	***2005***	648.931.711.812	90.499.730.897	***7,171***
1989	227.324.008	76.498.311	***2,972***	***2006***	758.390.785.210	96.738.320.212	***7,840***
1990	393.060.171	83.578.464	***4,703***	***2007***	843.178.421.420	101.254.625.46	***8,327***
1991	630.116.961	84.352.830	***7,470***	***2008***	950.534.250.715	101.921.729.92	***9,326***
1992	1.093.368.045	89.400.745	***12,230***	***2009***	952.558.578.826	97.003.114.411	***9,820***
1993	1.981.867.096	96.590.370	***20,518***	***2010***	1.098.799.348.44	105.885.643.93	***10,377***
1994	3.868.429.189	91.320.722	***42,361***	***2011***	1.297.713.210.11	115.174.724.18	***11,267***
1995	7.762.456.072	97.887.800	***79,300***	***2012***	1.415.786.010.34	117.674.715.19	***12,031***
1996	14.772.110.189	104.745.14	***141,030***				
1997	28.835.883.135	112.631.20	***256,023***				
1998	52.224.945.129	116.113.60	***449,782***				
1999	77.415.272.308	110.645.88	***699,643***				
2000	124.583.458.27	118.789.11	***1048,768***				
2001	178.412.438.49	109.885.33	***1623,640***				

Kaynak: TUİK

1975-2001 döneminde iller bazında mevcut bulunan ve 1987 baz yılına indirgenmiş KBGSYİH, İBBS2 sınıflandırmasına göre düzenlenirken ağırlıklı ortalama yöntemi kullanılmıştır.

$$Bölge\ (İBBS2)KBGSYİH\ (yıl) = \frac{\sum_1^n\ (İl\ KBGSYİH(i)x\ İl\ Nüfus\ (i))}{\sum_1^n İl\ Nüfus\ (i)}$$

Bu hesaplamalar sürecinde başka bir veri kısıtı daha ortaya çıkmıştır. Bu kısıt, iller düzeyindeki nüfus verileriyle ilgilidir. Bilindiği üzere Türkiye'de resmi nüfus sayımları 2007 yılına kadar her 5 yılda bir yapılmıştır. 1975-2007 yılları arasında 1995 yılında ve 2000 yılından sonra nüfus sayımı yapılmamıştır. İller düzeyinde nüfus bilinmediğinden bu kısıtın aşılması için, 2 resmi sayım arasında nüfusun sabit oranda arttığı/azaldığı varsayılmıştır. Bu hesaplamalar için ise "bileşik faiz hesabı formülü"'den faydalanılmıştır. Bu hesaplamayla, bir ilin iki nüfus sayımı arasında her yıl sabit bir oranda nüfus artışı/azalışı yaşadığı varsayılmıştır.

Nüfus (t) = dönem başı nüfus,
Nüfus (n) = dönem sonu nüfus,
olmak kaydıyla formül şu şekildedir:

$$\text{Nüfus Sabit Büyüme Hızı} = \left(\frac{Nüfus\ (n)}{Nüfus\ (t)}\right)^{\left(\frac{1}{Yıl\ Sayısı}\right)} - 1$$

Benzer bir hesaplama verisi mevcut bulunmayan göç parametreleri için de kullanılmıştır. 2000 yılı sonrası 2007 yılına kadar verisi bulunmayan net göç hesaplanması için, illerin aldığı ve verdiği göçlerin bu yıllar arasında sabit oranda değiştiği varsayılarak hesaplanmıştır.

Tüm bu hesaplamalar sonucunda Türkiye'de bölgelerarası gelir dağılımı yakınsama/ıraksama analizi için temel oluşturacak İBBS2 düzeyi KBGSYİH veri seti oluşturulmuştur.

5. TÜRKİYE'DE BÖLGELERARASI YAKINSAMA ANALİZLERİ

Ülke içi yakınsama analizlerinde kullanılan teknikler, ülkeler arası yakınsama analizlerinde kullanılan tekniklerle büyük ölçüde örtüşmektedir. Literatürde Barro ve Sala-i Martin (1992), Quah (1996) ve Barro (1996) çalışmaları sonrasında genel olarak literatürdeki çalışmaların tamamı aynı yöntemleri kullanmıştır. Bu yöntemler β-yakınsaması ve σ-yakınsaması analizleridir.

Bu yöntemler yüksek yeterliliğe sahip yöntemler olmakla birlikte, araştırma sorularına bağlı olarak zaman zaman eksik kalabilmektedirler. Örneğin ülke içi bölgelerarası gelir dağılımı analizlerinde "yakınsayan kulüpler" ve "polarizasyon" tespiti konularında bu yöntemlerin yetersiz kaldığı görülmektedir.

Literatür, yetersiz kalan alanlarda yeni yöntemler ortaya koymamıştır. Bunun nedeni, veri hacminin arttığı durumlarda, parametrik testlerin karmaşıklığı, parametrik olmayan testlerin ise zahmetli oluşudur. Örneğin Türkiye için yapılacak "kulüp yakınsaması" ve varsa "polarizasyon" testleri için uygulanacak yöntemin ikili karşılaştırmalar gerektirdiği düşünülürse, görece düşük sayıda olan Türkiye İBBS2 bölgeleri (26 adet) için dahi toplamda 325 ayrı testin yapılması gereklidir. Karar birimlerinin sayısı arttığında bu testlerin sayıları da artacaktır.

Bu çalışma kapsamında yakınsama analizlerinde izlenecek yol, öncelikle literatürü takiple β-yakınsaması ve σ-yakınsaması analizleri olacaktır. Sonraki adımda, kulüp yakınsaması ve polarizasyon durumlarının tespiti için ikili analizler yapılacaktır. Daha sonra entropi ölçütlerinden GİNİ katsayısı hesaplanacaktır. Yakınsama/Iraksama dinamiklerinin belirlenmesi için ilgili faktörlerin varyanslarının, bölgelerarası kişi başı gelirin varyansı ile korelasyonu hesaplanarak bir ilişkinin varlığı, varsa gücü ve yönü konusunda bulgulara ulaşılacaktır.

5.1. Türkiye İçin β-yakınsaması Analizi

Literatürde geçtiği şekliyle β-yakınsaması temel baz etkisi odaklı yaklaşımdır. Bu yaklaşıma göre bölgelerarası büyüme oranı farklılıklarının, bölgelerin başlangıç gelir düzeyine bağlı olduğu önermesi sınanır. Literatürdeki genel kabul, böyle bir ilişkinin güçlü bir şekilde var olduğu ve görece düşük başlangıç kişi başı gelir seviyesine sahip bölgelerin görece yüksek başlangıç kişi başı gelir seviyesine sahip bölgelere kıyasla daha hızlı büyüdüğüdür. Bir diğer anlatımla yoksul bölgeler görece zengin bölgelere kıyasla daha hızlı büyümektedirler.

Bu önerme regresyon analizi ile sınanmaktadır. Kurulan model Barro (1996) ve Barro ve Sala-i Martin (1992)'yi takiple şu şekildedir:

Bölge Dönem İçi Büyüme Oranı = Sabit + (katsayı) x ln(Dönem Başı Gelir)

Ya da;

$$\frac{1}{T}\log\left(\frac{y_{i,t}}{y_{i,t-T}}\right) = a - \left[\frac{1-e^{-\beta T}}{T}\right].\log(y_{i,t-T}) + u_{i,t}$$

Regresyon analizi sonrasında β-yakınsamasının olduğunun tespiti için "dönem başı gelir" değişkeninin katsayısı olan β_1'in sıfırdan büyük olması, veri güven aralığında (%95) istatistiksel olarak anlamlı olması gerekmektedir. Ayrıca modelin bağımlı değişkeni açıklama kuvveti olan R^2 değerinin yüksek (%80'in üstü tercih edilir) olması istenir. Bunların yanında modelde çözülen β değişkeni için, modelin hata teriminin varyansı değişken olmamalıdır (heteroskedasticity olmamalıdır).

Yakınsama analizleri kapsamında gerçekleştirilen β-yakınsaması analizlerinde, kurulan modelde β_1 katsayısı için hesaplanan p-değeri belirleyici değişkendir. Bunun nedeni sınanan yokluk hipotezi olan:

$\mathbf{H_0 : \beta_1 = 0}$; "büyüme oranının başlangıç gelir düzeyiyle ilişkisi bulunmamaktadır".

Test sonucu hesaplanan p-değeri %95 güvenilirlik düzeyi için 0.05 değerinden büyük olduğunda bu hipotez kabul edilmektedir. p-değeri sıfıra yaklaştıkça bu iki değişken arasındaki ilişkinin güçlendiği kabul edilmektedir. Yakınsamanın, β-yakınsamasının olduğunun gözlemi için şu şekilde bir grafiğin ortaya çıkması gereklidir:

Grafik 1. β-yakınsaması Gözlem Grafiği (Belirli Dönem İçinde)

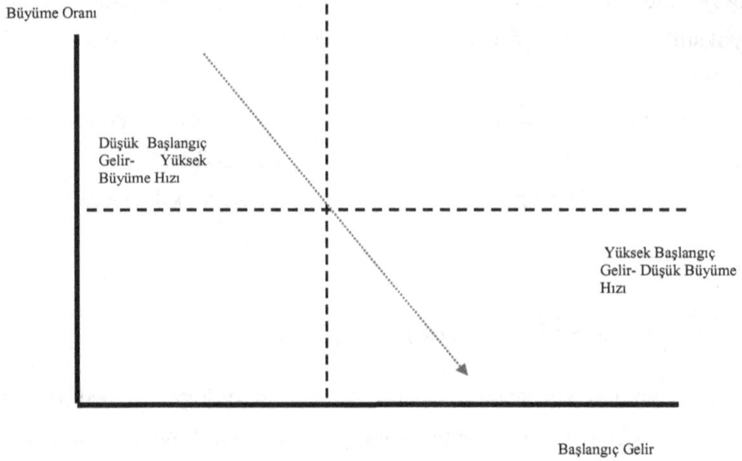

Literatürde β-yakınsaması analizleri genelde 5 yıllık ya da 10 yıllık dönemlere sair gerçekleştirilmiştir. Literatürle uyumlu olması açısından 1975-2001 dönemi üç alt döneme ayrılmıştır. 1975-1980, 1980-1990 ve 1990-2001 dönemleri analize dahil edilmiştir. İlgili β-yakınsaması analizi sonuçları, tespit edilen ve çözümlenen heteroskedasticity probleminin çözümü ardından kurulan model değerleriyle Tablo 3'te gösterilmektedir. Bu yaklaşım, Türkiye için yapılan çalışmalarda Kırdar ve Saraçoğlu (2012), Tuncer ve Özuğurlu (2004), Erlat (2012) ve Karaca'nın (2004) çalışmalarıyla uyumlu bir yaklaşım niteliğindedir.

Tablo 3. Türkiye için 1975-2001 Arası Dönemler Bazında β-yakınsaması Analizi

Dönem:	İlk Kurulan Modelde Heteroskedasticity Problemi Tespit Edilip Çözüldü	Geçerli Model β (Başlangıç Gelir Katsayısı)	Geçerli β t-istatistiği p-değeri	Geçerli Model R2	% 95 Güven Düzeyinde Dönem Başı Gelir Dönem Boyu Ortalama Büyüme İlişkisi	Modelin Bağımlı Değişkeni Açıklama Gücü
1975-1980	Evet	0,00655	0,70900	0,01061	YOK	Çok Zayıf
1980-1990	Hayır	0,00862	0,31653	0,04178	YOK	Çok Zayıf
1990-2001	Evet	-0,02127	0,00840	0,46252	VAR	Zayıf

1975-2001 yılları arasında Türkiye için yapılan β-yakınsaması analizinde bir dönem dışında (1990-2001), %95 güvenilirlik düzeyinde, başlangıç kişi başı gelir düzeyleri ile gelirin büyüme hızı arasında anlamlı bir ilişki bulunamamıştır. İstisnasız her alt dönem için β-yakınsaması çerçevesinde kurulan modelin bağımlı değişkeni açıklama gücü çok zayıf ya da zayıf çıkmıştır. Sonuç olarak bu dönem (1975-2001) için Türkiye'de bölgelerarası gelir dağılımı yakınsama/ıraksama dinamikleri arasında, baz etkisinin olmadığı, başlangıç gelir düzeyinin büyüme hızını etkilemediği sonucuna ulaşılmıştır. Ancak 1990-2001 döneminde modelin bağımlı değişkeni açıklama gücü zayıf olmakla birlikte, % 2.1'lik bölgelerarası bir ıraksamnın varlığı tespit edilmiştir

Literatür ile uyumlu olması açısından 1975-2001 yılları tek bir dönem olarak alınarak, 26 bölgenin bu dönem içinde gelirinin büyüme hızının başlangıç gelir düzeyi ile istatistiki olarak anlamlı bir ilişkisinin olup olmadığına dair yapılan analizin sonucu Tablo 4'te gösterilmektedir.

Tablo 4. 1975-2001 Dönemi β-yakınsaması Analizi

Dönem:	İlk Kurulan Modelde Heteroskedasticity Problemi Tespit Edilip Çözüldü	Geçerli Model β (Başlangıç Gelir Katsayısı)	Geçerli β t-istatistiği p-değeri	Geçerli Model R2	% 95 Güven Düzeyinde Dönem Başı Gelir Dönem Boyu Ortalama Büyüme İlişkisi	Modelin Bağımlı Değişkeni Açıklama Gücü
1975-2001	Evet	-0,00277	0,57660	0,02861	YOK	Çok Zayıf

Yıl bazında yapılan analizlerle tutarlı bir biçimde dönemin bütün olarak analize dahil edildiği durumda sonuç değişmemiş, bölgelerin başlangıç gelir düzeyleri ile büyüme hızları arasında anlamlı bir ilişki ispatlanamamıştır.

Benzer bir analiz veri kısıtı nedeniyle 2004-2011 yılları arasında, bölge düzeyinde kişi başı katma değer parametresinin gelir yerine kullanılmasıyla yapıldığında çıkan sonuç tablo 5'te gösterilmektedir.

Tablo 5. Türkiye için 2004-2011 Arası Yıl Bazında β-yakınsaması Analizi

Dönem:	İlk Kurulan Modelde Heteroskedasticity Problemi Tespit Edilip Çözüldü	Geçerli Model β (Başlangıç Gelir Katsayısı)	Geçerli β t-istatistiği p-değeri	Geçerli Model R2	% 95 Güven Düzeyinde Dönem Başı Gelir Dönem Boyu Ortalama Büyüme İlişkisi	Modelin Bağımlı Değişkeni Açıklama Gücü
2004-2011	Hayır	-0,01940	0,00280	0,31553	VAR	Çok Zayıf

2004-2011 yılları arasında tüm dönemi kapsayan β-yakınsaması analizinde, başlangıç gelirinin dönem içindeki ortalama yıllık büyümeyi açıklama gücü çok düşük çıkmıştır. Modelin bağımlı değişkeni açıklama gücü düşük olmakla birlikte, % 95 güven düzeyinde anlamlı bir ilişki söz konusu olup, başlangıç gelir düzeyi ile yıllık ortalama büyüme arasındaki ilişkinin katsayısının negatif olmasından dolayı β-ıraksaması sonucuna ulaşılmıştır. Bu durumda da 2004-2011 yılları arasında Türkiye'de bölgelerarası gelir dağılımı için β-yakınsaması olgusunun var olmadığı sonucuna ulaşılmıştır.

Sonuç olarak β-yakınsaması analizine dahil edilen 5 dönemin sadece 2'sinde görece çok düşük R^2 değeri ile birlikte, istatistiki olarak anlamlı bir ıraksama ilişkisi tespit edilebilmiştir. Türkiye için bölgelerarasında β-yakınsaması yoktur sonucuna ulaşılmıştır. Bir diğer anlatımla Türkiye'de bölgelerarası gelir dağılımı yakınsama/ıraksama dinamiklerinden biri bölgelerin başlangıç gelir düzeylerinin farklılığı değildir. Literatürün genel önermesinin aksine 33 yıllık dönem itibariyle, Türkiye için daha düşük gelire sahip bölgelerin daha hızlı büyüdükleri istatistiki olarak reddedilmiştir.

5.2. Türkiye İçin σ-yakınsaması Analizi

Gelir dağılımı analizlerinde kullanılan bir diğer yöntem σ-yakınsaması analizidir. Gelir dağılımı β-yakınsaması analizinden farklı olarak σ-yakınsaması herhangi bir parametre ile yakınsama olgusunu açıklamaya çalışmamaktadır. Daha temel bir soru olarak "gelir dağılımında yakınsama var mıdır?" sorusuna cevap aranmaktadır. Kullanılan yöntem, temel yöntemlerden olan varyans ölçüm ve kıyaslanmasıdır. Bölgelerarası gelir dağılımı analizlerinde bir dönemin başında bölge gelirlerinin varyansı dönem sonunda bölge gelirlerinin varyansından büyük olduğunda, bir diğer anlatımla dönem boyunca gelir düzeyleri arasındaki varyans azaldığında, bölgelerarası gelir dağılımının düzeldiği sonucuna ulaşılmaktadır. Literatürde bu yöntem β-yakınsaması analizleri ile birlikte kullanılmaktadır. Bölgelerarası gelir dağılımında yakınsamanın söz konusu olduğu durumlarda zamana göre negatif eğimli varyans katsayısı grafiği gözlemlenmelidir.

Grafik 2. σ-yakınsaması Gözlem Grafiği

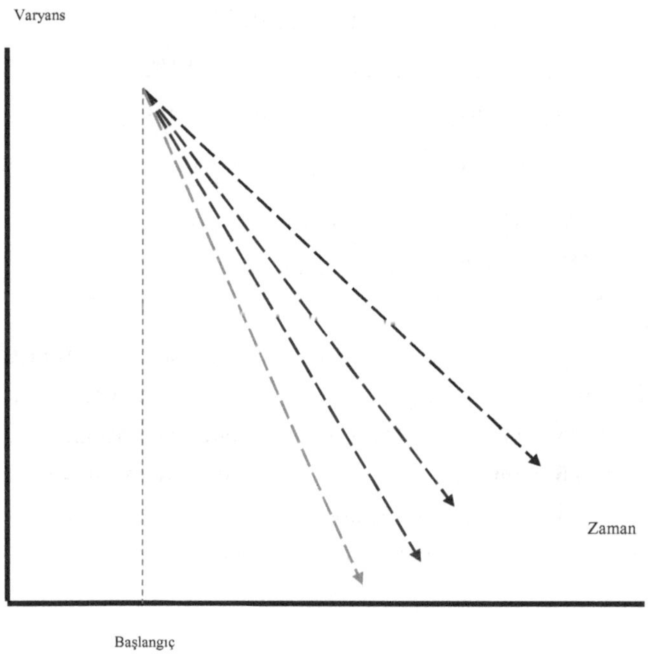

Türkiye için 1975-2001 yıllarını kapsayan bölgelerarası gelir dağılımı σ-yakınsaması analiz sonuçları Tablo 6'da sunulmaktadır.

Tablo 6. 1975-2001 Yılları Arası Bölge Kişi Başı Gelir Düzeyleri Varyansı

σ-yakınsaması analizi			
Yıllar	İBBS2- 26 Bölge Kişi Başı Gelir Varyans Katsayısı	Yıllar	İBBS2- 26 Bölge Kişi Başı Gelir Varyans Katsayısı
1975	236.655	**1989**	345.702
1976	258.266	**1990**	384.538
1977	255.779	**1991**	339.338
1978	241.059	**1992**	363.826
1979	233.374	**1993**	410.833
1980	217.229	**1994**	358.755
1981	226.749	**1995**	413.034
1982	238.648	**1996**	428.282
1983	273.309	**1997**	500.413
1984	289.838	**1998**	460.060
1985	298.756	**1999**	385.184
1986	330.078	**2000**	453.215
1987	344.331	**2001**	370.693
1988	352.136		

1975-2001 yılları arasında σ-yakınsaması analizi, Türkiye'de bu dönemde bölgelerarası gelir dağılımının % 156.6 oranında bozulduğunu göstermektedir. 1975 yılına ait bölge kişi başı gelir varyansının, 2001 yılına gelindiğinde % 156.6 oranında arttığı tespit edilmiştir. Dolayısıyla bu dönemde bölgelerarası kuvvetli bir ıraksama söz konusudur. Yıllık ıraksama hızı ortalama 1.68 yüzde puan olarak hesaplanmıştır. Bu oranın, literatürde sıkça atıfta bulunulan 2 puanlık "yakınsamanın altın oranının" ters etkili ancak yaklaşık büyüklükte olması dikkat çekicidir.

Grafik 3. 1975-2001 Bölge Gelir Düzeyleri Varyansı

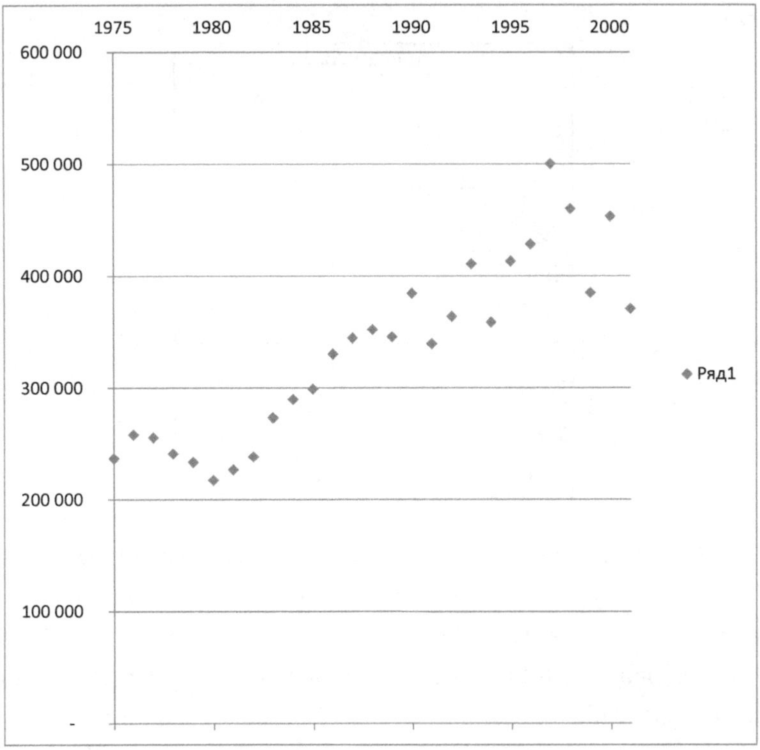

Grafik 3'te gösterilen bölge gelir düzeyleri varyans grafiği kılavuz çizgısı eğimi pozitif olacaktır. σ-yakınsaması olması durumunda gözlemlenmesi muhtemel grafikteki kılavuz çizgisi eğimi ise negatif olmalıdır. Grafik 3'te bölgelerarası gelir dağılımı ıraksamasından dolayı pozitif eğim söz konusudur.

Türkiye'de gelir dağılımı analizi çerçevesinde, gelir dağılımının en yüksek oranda bozulduğu yıllar σ-yakınsaması ile tespit edilebilir. Türkiye'de bölgelerarası gelir dağılımının en bozuk olduğu yıllar (1975-2001 dönemi içinde), 1997-1998-2000 yılları olmuştur.

2004 sonrası için yapılan ve gelir yerine bölge düzeyinde kişi başı katma değer verilerinin kullanıldığı σ-yakınsaması analizi sonuçları Tablo 7'de gösterilmektedir.

Tablo 7. 2004-2011 Yılları Arası Bölge Kişi Başı Gelir Düzeyleri Varyansı

σ-yakınsaması Analizi	
Yıllar	İBBS2- 26 Bölge Kişi Başı Gelir Varyans Katsayısı
2004	6.566
2005	8.420
2006	11.796
2007	14.378
2008	17.594
2009	15.362
2010	17.599
2011	25.101

2004 sonrası bölgelerarası gelir dağılımı bozulması çok daha hızlanmış görülmektedir. 8 yıllık dönem boyunca bölgelerarası gelir varyansı yılda ortalama %21 toplamda ise % 382 artmıştır. Bu veri, Türkiye'de bölgelerarası gelir dağılımının 2004-2011 yılları arasında yaklaşık 3.8 kat bozulduğu anlamına gelmektedir.

Bölgelerarası gelir dağılımında meydana gelen yıllık ortalama bozulma 18.24 yüzde puandır. Bu bozulma hızı, 1975-2001 döneminde gözlemlenen yıllık ortalama bozulma hızının 10 katından fazladır. Bir başka anlatımla 2004 sonrası Türkiye'de bölgelerarası gelir dağılımındaki bozulma aşırı hızlanmıştır. 2007-2008 arası bir düzelme gözlemlenirken, bozulmanın en hızlı yaşandığı yıl olarak 2011 yılı (%42) belirlenmiştir.

2004 sonrası bölge düzeyi kişi başı gelir varyans grafiği yine pozitif eğimli ancak daha dik eğime sahip bir şekilde oluşmuştur.

Grafik 4. 2004-2011 Arası Bölge Gelir Düzeyleri Varyansı

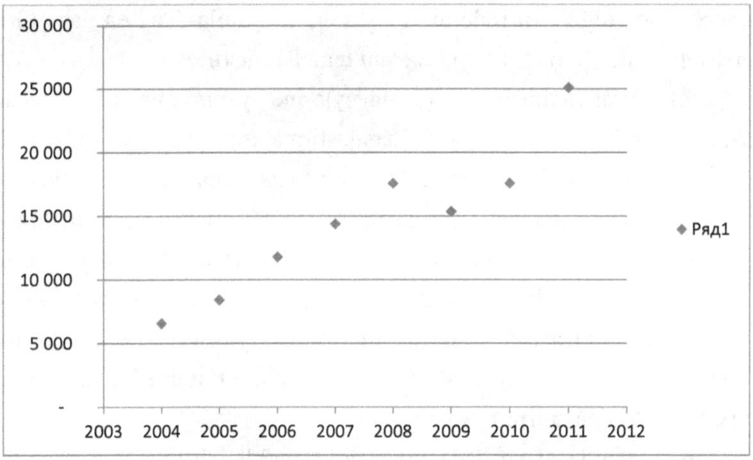

Türkiye'de bölgelerarası gelir dağılımına yönelik yapılan σ-yakınsaması analizi sonucunda da β-yakınsaması analizi sonucuyla tutarlı bir biçimde kuvvetli ıraksama durumu ispatlanmıştır.

5.3. Türkiye İçin Kulüp Yakınsaması/ Polarizasyon İkili Analizler

Bölgelerarası gelir dağılımı analizlerinde uygulanan yöntemler genellikle σ-yakınsaması ve β-yakınsaması analizleriyle sınırlı kalmaktadır. Bianchi (1997), Barro (1996), Fischer ve Serra (1996) ile Slaughter (1997) çalışmalarında teknik olarak β-yakınsaması ve σ-yakınsaması çerçevesinde analizlerini gerçekleştirmişlerdir. Sadece Esteban ve Ray (1994) ve benzer birkaç çalışmada polarizasyon olgusuna yönelik analizler yapılmış, parametrik testlerden çıkan çeşitli sonuçlar üzerinden analizler sonuçlandırılmıştır.

Polarizasyon ve kulüp yakınsaması analizleri en sağlıklı bir şekilde ancak ikili karşılaştırmalar ile söz konusu olabilecektir. Parametrik testler, tüm grubun yanıltıcı etkisini barındıracağından, zayıf sonuçlar çıkması söz konusudur. Pratik olmaktan uzak olmakla birlikte, ikili karşılaştırmalar temelli analizler en doğru sonuçları içermektedir. Ancak bu analiz yaklaşımına sahip bir literatür örneğine rastlanmamıştır. Bu durum özgün bir yöntemin türetilmesi gerekliliğini ortaya koymuştur.

Bu kapsamda oluşturulan analiz tekniği, bölgelerarası gelir dağılımında tek bir kararlı denge düzeyi olmadığı ve birden çok kararlı denge düzeyi olduğu ve bu denge düzeylerine yakınsayan birimlerin yakın homojen yapılar oluşturacağı ve diğer birimlerin oluşturduğu yapılardan en az birinden ıraksaması gerekeceği mantıksal gerçeğini temel almıştır.

Çeşitli ortak kararlı denge düzeylerine yakınsama olacağından β-yakınsamasından farklı olarak ikili karşılaştırmalarda son gelir düzeyi önem kazanmaktadır. Yine yıllık ortalama büyüme hızları analizlerin belirleyicisidir. Analiz temelde küme içindeki (bu analizde İBBS2 26 Bölge) elemanları ikili kombinasyonlar halinde (zenginden yoksula sıralamasıyla) karşılaştırmakta, başlangıç gelir düzeyi yüksek olan elemanın, büyüme hızı karşılaştırıldığı diğer elemanın büyüme hızından düşükse yakınsama, yüksekse ıraksama olduğu sonucuna varılmıştır. Bu bağlamda yakınsama için +1 ıraksama için -1 değeri verilerek bir matris oluşturulmuştur.

Matrisin içinde +1 ve -1 değerleri farklı renklendirilmiştir.

Tablo 8 İkili Karşılaştırma Matrisi (Adım 1.)

		1	2	3	4	5	6	7	8	9	10	11	12	13	14	15	16	17	18	19	20	21	22	23	24	25	26
		TR42	TR10	TR31	TR51	TR21	TR41	TR62	TR32	TR22	TR81	TR61	TR71	TR52	TR33	TR83	TR63	TR82	TRB1	TRC1	TR72	TR90	TRC2	TRA1	TRC3	TRA2	TRB2
1	TR42		1	1	1	1	-1	-1	1	-1	-1	-1	1	-1	-1	-1	-1	-1	-1	-1	-1	-1	-1	-1	-1	-1	-1
2	TR10	1		1	1	1	1	1	1	1	1	1	1	1	1	1	1	1	1	1	1	1	1	1	1	1	1
3	TR31	1	1		1	1	1	1	1	1	-1	1	1	1	1	1	1	1	1	-1	1	1	-1	-1	-1	-1	-1
4	TR51	1	1	1		1	1	-1	1	-1	1	-1	1	-1	-1	-1	-1	-1	-1	-1	-1	-1	-1	-1	-1	-1	-1
5	TR21	1	1	1	1		1	1	1	1	1	-1	1	-1	-1	-1	-1	-1	-1	-1	-1	-1	-1	-1	-1	-1	-1
6	TR41	-1	1	1	1	1		1	1	1	1	1	1	1	1	1	1	1	1	-1	1	1	-1	-1	-1	-1	-1
7	TR62	-1	1	1	-1	1	1		1	1	1	1	1	1	-1	1	1	1	1	-1	1	1	-1	-1	-1	-1	-1
8	TR32	1	1	1	1	1	1	1		1	1	-1	-1	-1	-1	-1	-1	-1	-1	-1	-1	-1	-1	-1	-1	-1	-1
9	TR22	-1	1	1	-1	1	1	1	1		1	1	1	1	-1	1	1	1	1	-1	1	1	-1	-1	-1	-1	-1
10	TR81	-1	1	-1	1	1	1	1	1	1		1	1	1	1	1	1	1	1	1	1	1	1	1	1	1	1
11	TR61	-1	1	1	-1	-1	1	1	-1	1	1		1	-1	-1	-1	1	1	1	-1	-1	-1	-1	-1	-1	-1	-1
12	TR71	1	1	1	1	1	1	1	-1	1	1	1		1	1	1	-1	-1	-1	1	-1	-1	-1	-1	-1	-1	-1
13	TR52	-1	1	1	-1	-1	1	1	-1	1	1	-1	1		1	1	1	1	1	-1	1	1	-1	-1	-1	-1	-1
14	TR33	-1	1	1	-1	-1	1	-1	-1	-1	1	-1	1	1		1	1	1	1	-1	1	1	-1	-1	-1	-1	-1
15	TR83	-1	1	1	-1	-1	1	1	-1	1	1	-1	1	1	1		1	1	1	1	-1	-1	-1	-1	-1	-1	-1
16	TR63	-1	1	1	-1	-1	1	1	-1	1	1	1	-1	1	1	1		-1	-1	1	-1	-1	-1	-1	-1	-1	-1
17	TR82	-1	1	1	-1	-1	1	1	-1	1	1	1	-1	1	1	1	-1		-1	1	1	-1	1	-1	-1	-1	-1
18	TRB1	-1	1	1	-1	-1	1	1	-1	1	1	1	-1	1	1	1	-1	-1		1	1	1	1	-1	-1	-1	-1
19	TRC1	-1	1	-1	-1	-1	-1	-1	-1	-1	1	-1	1	-1	-1	1	1	1	1		1	1	-1	-1	-1	-1	-1
20	TR72	-1	1	1	-1	-1	1	1	-1	1	1	-1	-1	1	1	-1	-1	1	1	1		1	-1	-1	-1	-1	-1
21	TR90	-1	1	1	-1	-1	1	1	-1	1	1	-1	-1	1	1	-1	-1	-1	1	1	1		1	-1	-1	-1	-1
22	TRC2	-1	1	-1	-1	-1	-1	-1	-1	-1	1	-1	-1	-1	-1	-1	-1	1	1	-1	-1	1		1	-1	1	-1
23	TRA1	-1	1	-1	-1	-1	-1	-1	-1	-1	1	-1	-1	-1	-1	-1	-1	-1	-1	-1	-1	-1	1		1	-1	-1
24	TRC3	-1	1	-1	-1	-1	-1	-1	-1	-1	1	-1	-1	-1	-1	-1	-1	-1	-1	-1	-1	-1	-1	1		1	1
25	TRA2	-1	1	-1	-1	-1	-1	-1	-1	-1	1	-1	-1	-1	-1	-1	-1	-1	-1	-1	-1	-1	1	-1	1		1
26	TRB2	-1	1	-1	-1	-1	-1	-1	-1	-1	1	-1	-1	-1	-1	-1	-1	-1	-1	-1	-1	-1	-1	-1	1	1	

Tablodan polarizasyon olgusunun gözlemlenebilmesi için, tablonun sol üst ve sağ alt köşelerinde homojen birbirine yakınsama (aynı renk-yeşil) ile tablonun sağ üst köşesi ile sol alt köşesinde homojen ıraksama (aynı renk-kırmızı) gözlemlenmesi gerekmektedir. Böyle bir gözlemin anlamı, üst gelir grubunda ve alt gelir grubunda iki ayrı birbirine yakınsayan grup oluşmuş olup bu gruplar birbirlerinden ıraksamaktadırlar. Tablodan TR10 (İstanbul) yanıltıcı etkisi (dönem başı en yüksek kişi başı gelire ve dönem içi en düşük yıllık ortalama büyümeye sahiptir) çıkarıldığında bu durum tespit edilmektedir.

Üst gelir grubunda TR10 dahil 5 bölgeyi (TR42, TR10, TR31, TR51 ve TR21) içeren bir grup ile, düşük gelir düzeyinde 3 bölgeyi (TRC3, TRA2 ve TRB2) içeren bir diğer grup, grup içinde birbirlerine yakınsamakta ancak iki grup en alt ve en üst gelir düzeyinde olmalarına rağmen birbirlerinden ıraksamaktadırlar. Dolayısıyla Türkiye'de bölgelerarası gelir dağılımı 1975-2001 verileriyle yapılan analizde polarizasyon olgusu tespit edilmiştir. Kutuplaşmanın yüksek gelir ucunda 5, düşük gelir ucunda ise 3 üyeli gruplar söz konusudur. Bu 8 bölge analizden çıkarılıp ortanca kitle analiz edildiğinde:

Tablo 9. İkili Karşılaştırma Matrisi (Adım 2.)

	TR41	TR62	TR32	TR22	TR81	TR61	TR71	TR52	TR33	TR83	TR63	TR82	TRB1	TRC1	TR72	TR90	TRC2	TRA1
1 TR41		1	1	1	1	1	1	1	1	1	1	1	1	-1	1	1	-1	-1
2 TR62	1		1	1	1	1	1	1	-1	1	1	1	1	-1	1	1	-1	-1
3 TR32	1	1		1	1	-1	-1	-1	-1	-1	-1	-1	-1	-1	-1	-1	-1	-1
4 TR22	1	1	1		1	1	1	1	-1	1	1	1	1	-1	1	1	-1	-1
5 TR81	1	1	1	1		1	1	1	1	1	1	1	1	1	1	1	1	1
6 TR61	1	1	-1	1	1		1	-1	-1	-1	1	1	1	-1	-1	-1	-1	-1
7 TR71	1	1	-1	1	1	1		1	1	1	-1	-1	-1	1	-1	-1	-1	-1
8 TR52	1	1	-1	1	1	-1	1		1	1	1	1	1	-1	1	1	-1	-1
9 TR33	1	-1	-1	-1	1	-1	1	1		1	1	1	1	-1	1	1	-1	-1
10 TR83	1	1	-1	1	1	-1	1	1	1		1	1	1	1	-1	-1	-1	-1
11 TR63	1	1	-1	1	1	1	-1	1	1	1		-1	-1	1	-1	-1	-1	-1
12 TR82	1	1	-1	1	1	1	-1	1	1	1	-1		-1	1	1	-1	1	-1
13 TRB1	1	1	-1	1	1	1	-1	1	1	1	-1	-1		1	1	1	1	-1
14 TRC1	-1	-1	-1	-1	1	-1	1	-1	-1	1	1	1	1		1	1	-1	-1
15 TR72	1	1	-1	1	1	-1	-1	1	1	-1	-1	1	1	1		1	-1	-1
16 TR90	1	1	-1	1	1	-1	-1	1	1	-1	-1	-1	1	1	1		1	-1
17 TRC2	-1	-1	-1	-1	1	-1	-1	-1	-1	-1	-1	1	1	-1	-1	1		1
18 TRA1	-1	-1	-1	-1	1	-1	-1	-1	-1	-1	-1	-1	-1	-1	-1	-1	1	

Tekrar ortanca gelir grubunda grup içi polarizasyon olgusu görülmektedir. Ortanca grubun ilk 5 bölgesi (TR41, TR62, TR32, TR22, TR81) ile son 2 bölgesinin (TRC2 ve TRA1) ayrı ayrı oluşturdukları 2 grup, kendi içlerinde birbirlerine yakınsamakta ve/ancak birbirlerinden ıraksamaktadırlar. Ortanca gelir grubu içinde kutuplaşmaya sebep olan iki yakınsama kulübü ile irlikte 4 başka yakınsama kulübü daha ortanca gelir grubu içinde tespit edilebilmektedir. Bu kulüpler şu şekildedir:

Ortanca Gelir Grubu Yakınsama Kulüpleri:

I. TR41, TR62, TR32, TR22, TR81
II. TRC2 ve TRA1
III. TRB1, TRC1, TR72, TR90
IV. TR71, TR81, TR61
V. TR52, TR33, TR83
VI. TR63,TR82

Türkiye için yapılan 26 bölge temelli analizde toplam 8 yakınsama kulübü tespit edilmiştir. Bu kulüplerden 2'si en üst ve en alt gelir gruplarında yer almakta ve bu iki grup birbirlerinden ıraksamakta olduklarından "kutuplaşma/polarizasyon" durumu tespit edilmiştir. Bir gruba üye olmayan değişkenlik ve yakınsama alanında heterojenlik yaratan bölgelerin varlığının da altı çizilmelidir.

Tespit edilen yakınsama kulüplerinin coğrafi dağılımı kuzeybatı-güneydoğu yönlü bir kutuplaşma göstermektedir.

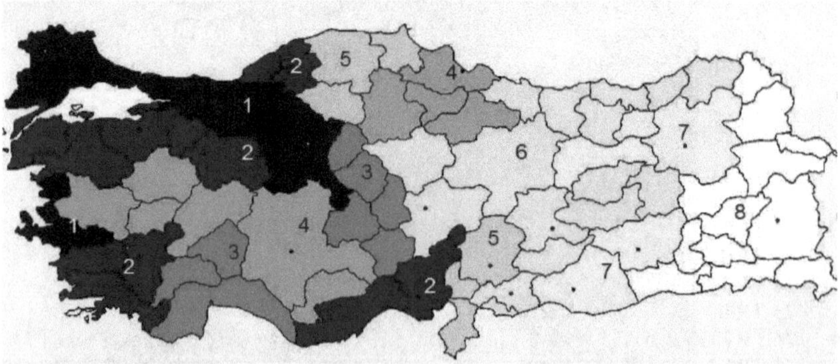

Haritada en zengin gelir kulüpleri koyu, en yoksul gelir kulüpleri açık renklendirilmiştir. Görüldüğü üzere, coğrafi olarak kuzeybatı-güneydoğu eksenli kutuplaşma söz konusudur.

5.4. Bölgelerarası Gelir Dağılımı Analizlerinde GİNİ Katsayısı Analizlerinin Yanıltıcı Etkileri

Gelir dağılımı analizlerinde sıkça kullanılan bir diğer analiz yöntemi de entropi ölçütlerinden olan GİNİ katsayısı analizleridir. Bu yöntem temel olarak, düşük gelirden yüksek gelire sıralanmış nüfusun, yığılımlı (kümülatif) toplamı içinde gelir farklılıklarının analizini yapmaktadır.

Bölgelerarası gelir dağılımı literatüründe, Beach ve Davidson (1983), Schutz (1951) ve Atkinson ve Brandolini (2010), çalışmaları GİNİ katsayısı analizlerine dayandırılmış olup, ortak sonuç mutlak yakınsama olmuştur.

Türkiye için yapılan çalışmalarda da, Filiztekin ve Çelik (2010), Karacan (2004) vb gibi GİNİ katsayısının dolaylı kullanıldığı çalışmalar söz konusudur. Bu çalışmalarda da ortak nokta, GİNİ katsayısı ölçümlerinin mutlak yakınsama sonucu vermesidir. Benzer bir durum bu çalışma için de geçerli olmaktadır. σ-yakınsaması, β-yakınsaması ve ikili karşılaştırma analizlerinde ortaya çıkan ıraksama durumu, aynı verilerle gerçekleştirilen GİNİ katsayısı analizlerinde tersine dönmektedir. 1975-2001 dönemi için hesaplanan GİNİ katsayıları şu şekildedir:

Tablo 10. Türkiye İçin Bölgelerarası GİNİ Katsayıları

Yıllar	BÖLGELERARASI GİNİ	Yıllar	BÖLGELERARASI GİNİ
1975	***0,2713***	**1989**	***0,2526***
1976	***0,2641***	**1990**	***0,2485***
1977	***0,2620***	**1991**	***0,2387***
1978	***0,2583***	**1992**	***0,2318***
1979	***0,2577***	**1993**	***0,2304***
1980	***0,2519***	**1994**	***0,2252***
1981	***0,2504***	**1995**	***0,2328***
1982	***0,2634***	**1996**	***0,2257***
1983	***0,2642***	**1997**	***0,2301***
1984	***0,2682***	**1998**	***0,2116***
1985	***0,2689***	**1999**	***0,2103***
1986	***0,2706***	**2000**	***0,2298***
1987	***0,2532***	**2001**	***0,2192***
1988	***0,2537***		
Kaynak: TUİK Verilerinden Tarafımızca Hesaplanmıştır			

Görüldüğü üzere, 2001 yılına ait GİNİ katsayısı 1975 yılına ait GİNİ katsayısının önemli ölçüde altında olup, çıkan sonuç mutlak yakınsama durumunu ifade etmektedir. İlgili katsayıların hesaplanma yönteminde, gelir grupları yerine bölgeler alınmıştır. Bölge nüfusları nüfusu, kişi başına gelir ortalama gelir olarak kullanılmıştır.

Tablo 11. 2001 Örnek Yılı için GİNİ Hesaplama Tablosu

Yıl	2001									
Bölgeler				**% nüf**	**Küm % nüf**	**% Gelir**	**Küm % Gel**	**A: Gini (x1-x0)**	**B: Gini (y1+y0)**	**A x B**
TRA2	**545.076**	**1.153.193**	**628.577.500.290**	**1,679**	**1,68**	**0,57**	**0,57**	**1,68**	**0,57**	**0,9618**
TRB2	**560.148**	**1.955.195**	**1.095.198.120.643**	**2,847**	**4,53**	**1,00**	**1,57**	**2,85**	**2,14**	**6,1028**
TRC3	**740.285**	**1.798.760**	**1.331.594.947.951**	**2,619**	**7,15**	**1,21**	**2,78**	**2,62**	**4,36**	**11,4067**
TRA1	**806.000**	**1.307.475**	**1.053.824.688.860**	**1,904**	**9,05**	**0,96**	**3,74**	**1,90**	**6,53**	**12,4296**
TRC2	**862.714**	**2.830.840**	**2.442.203.744.037**	**4,122**	**13,17**	**2,23**	**5,97**	**4,12**	**9,71**	**40,0435**
TRC1	**1.046.257**	**2.054.344**	**2.149.371.688.186**	**2,991**	**16,16**	**1,96**	**7,93**	**2,99**	**13,90**	**41,5758**
TRB1	**1.065.693**	**1.744.539**	**1.859.142.988.647**	**2,540**	**18,70**	**1,69**	**9,62**	**2,54**	**17,55**	**44,5849**
TR90	**1.066.949**	**3.029.850**	**3.232.696.197.748**	**4,412**	**23,11**	**2,95**	**12,57**	**4,41**	**22,19**	**97,9040**
TR72	**1.068.314**	**2.463.686**	**2.631.991.290.089**	**3,587**	**26,70**	**2,40**	**14,97**	**3,59**	**27,54**	**98,7814**
TR82	**1.122.338**	**848.619**	**952.437.205.446**	**1,236**	**27,94**	**0,87**	**15,84**	**1,24**	**30,80**	**38,0615**
TR83	**1.165.372**	**2.956.427**	**3.445.337.991.181**	**4,305**	**32,24**	**3,14**	**18,97**	**4,30**	**34,81**	**149,8509**
TR63	**1.188.279**	**2.732.457**	**3.246.921.894.285**	**3,979**	**36,22**	**2,96**	**21,93**	**3,98**	**40,91**	**162,7626**
TR52	**1.193.863**	**2.397.924**	**2.862.791.836.517**	**3,492**	**39,71**	**2,61**	**24,54**	**3,49**	**46,48**	**162,2754**
TR33	**1.254.405**	**3.601.483**	**4.517.719.290.938**	**5,244**	**44,96**	**4,12**	**28,66**	**5,24**	**53,20**	**278,9941**
TR71	**1.354.233**	**1.658.213**	**2.245.606.235.700**	**2,415**	**47,37**	**2,05**	**30,71**	**2,41**	**59,36**	**143,3370**
TR61	**1.515.219**	**2.484.600**	**3.764.712.030.264**	**3,618**	**50,99**	**3,43**	**34,14**	**3,62**	**64,84**	**234,5852**
TR22	**1.570.256**	**1.548.796**	**2.432.007.617.093**	**2,255**	**53,24**	**2,22**	**36,35**	**2,26**	**70,49**	**158,9655**
TR81	**1.733.863**	**1.023.666**	**1.774.896.381.532**	**1,491**	**54,73**	**1,62**	**37,97**	**1,49**	**74,32**	**110,7813**
TR62	**1.784.626**	**3.514.514**	**6.272.092.073.777**	**5,117**	**59,85**	**5,72**	**43,69**	**5,12**	**81,65**	**417,8675**
TR32	**1.809.114**	**2.530.580**	**4.578.105.754.813**	**3,685**	**63,54**	**4,17**	**47,86**	**3,68**	**91,54**	**337,3128**
TR41	**1.875.141**	**3.071.804**	**5.760.066.798.203**	**4,473**	**68,01**	**5,25**	**53,11**	**4,47**	**100,96**	**451,5930**
TR21	**2.038.927**	**1.368.449**	**2.790.168.539.318**	**1,993**	**70,00**	**2,54**	**55,65**	**1,99**	**108,75**	**216,7043**
TR51	**2.052.909**	**4.070.411**	**8.356.182.275.500**	**5,927**	**75,93**	**7,61**	**63,26**	**5,93**	**118,91**	**704,7816**
TR10	**2.285.499**	**10.349.192**	**23.653.071.901.072**	**15,069**	**91,00**	**21,55**	**84,82**	**15,07**	**148,08**	**2231,4964**
TR31	**2.398.570**	**3.421.196**	**8.205.977.155.750**	**4,982**	**95,98**	**7,48**	**92,30**	**4,98**	**177,11**	**882,3053**
TR42	**3.063.076**	**2.760.327**	**8.455.090.361.757**	**4,019**	**100,00**	**7,70**	**100,00**	**4,02**	**192,30**	**772,8951**
Toplam:	**37.167.126**	**68.676.539**	**109.737.786.509.597**							Toplam: **3904,1800**
									GINI [5000-(AxB)]/5000	**0,2192**

Tablo 11'de 2001 yılı içi örnek olarak yapılan GİNİ hesaplaması görülmektedir. GİNİ katsayısı üzerinden yapılan analizlerin σ-yakınsaması, β-yakınsaması ve ikili karşılaştırma analizlerinden farklı çıkmasının nedeni bölgelerarası gelir dağılımı analizlerinde ölçüt alınan birimin bölge, parametrenin kişi başına gelir olmasıdır. Oysa GİNİ katsayısı hesaplamalarında ölçüt alınan birim gelir grupları, parametre ise gelir gruplarının "ortalama gelir""leridir. Ölçüt alınan birimler ve parametreler kadar farkı yaratan önemli bir diğer etken ise GİNİ katsayısı hesaplama yöntemi sonucunda ölçülen değerin, eşitsizliğin boyutunun, yığılımlı (kümülatif) nüfus ve toplam gelir içindeki payı olmasıdır. Bir başka anlatımla, ölçülen eşitsizlikteki artış nüfus ve toplam gelirdeki artışların toplamından düşük olduğunda eşitsizlik azalmaktaymış gibi bir sonuç elde edilmektedir. Analizlerde kilit parametre eşitsizliğin boyutu ya da oranıyken, GİNİ katsayısı hesaplamalarında kilit parametre nüfustur[4]. Nüfusla birlikte artan gelir, eşitsizliğin bölündüğü payda kısmının mutlak değerini arttırdığından, eşitsizlikteki artış paydada meydana gelen bu artıştan küçük olduğu sürece GİNİ katsayısı hesaplamalarında, eşitsizlik azalmış görülecektir.

Bu kapsamda, GİNİ katsayısı hesaplamalarının bölgelerarası gelir dağılımı analizlerinde sağlıksız olduğu saptanmış ve sonuç değerlendirmelerine dahil edilmemiştir.

---

[4] Varsayımsal bir 2 nüfuslu bir ekonomide, bireylerin ilkinin geliri 2000 diğerinin geliri 1000 birim olduğunda eşitsizliğin toplam gelire payı %33.3 olacaktır. İki bireyin gelirleri %100 arttığında, oransal fark değişmezken mutlak fark (eşitsizlik) iki katına çıkacaktır. İki katına çıkan eşitsizliğin toplam gelir içindeki payı değişmeyecek ve %33.3 olacaktır. Oysa eşitsizlik sabitken nüfus artarsa, örneğin %100 arttığında ve 4 bireyin ikisi 2000 diğer ikisi 1000 birim gelir elde ettiklerinde gelir eşitsizliği gruplar arasında sabit kalacaktır. Eşitsizliğin toplam gelir içindeki payı ise nüfustaki artıştan dolayı yarıya düşecek ve %16.67 olacaktır. GİNİ katsayısı hesaplamalarında ortaya çıkan tutarsızlığın (diğer yöntemlerle arasında) kaynağı bu etkidir.

6. BÖLGELERARASI GELİR DAĞILIMI YAKINSAMA ve IRAKSAMA DİNAMİKLERİ

Türkiye için yapılan yakınsama analizleri kapsamında ortaya koyulan σ-yakınsaması analiz sonuçları Türkiye'de bölgelerarasında kişi başı gelirin varyansının zaman içinde arttığı sonucunu ortaya koymaktadır. Iraksama olgusunun varlığı bu analizler sonucunda ispat edilmiş olmakla birlikte, bu durumun nedenleri bu analizler kapsamında ortaya koyulamamaktadır. İlgili literatürün sıkça vurgu yaptığı yakınsama/ıraksama dinamiklerinin Türkiye için yapılan analizlerde ortaya çıkan ıraksama olgusu ile ne ölçüde ilişkide olduğunun saptanması daha detaylı analizler gerektirmektedir. Bu bölüm kapsamında yakınsama/ıraksama dinamikleri olarak literatürce ön plana çıkarılmış faktörlerin Türkiye'de bölgelerarası gelir dağılımı ıraksama olgusu ile ne denli yakın ilişki içinde olduğu tespit edilmiştir. Belirlenen yöntem, gözlem döneminin çok kısa olması (7 yıl) ve ilgili faktörlerin sayısının fazla olmasından dolayı, literatürdeki yaklaşımlardan kısmen farklılık göstermektedir[5]. Yakınsama/ıraksama analizleri kapsamında, ıraksama dinamikleri olarak belirlenen faktörlerin varyanslarının, bölgelerarası kişibaşı gelir parametresi yerine kullanılan bölgelerarası kişi başı katma değer parametresinin varyansı ile ne ölçüde ilişki içinde olduğu hesaplanmıştır. Analiz için seçilen dönem 2004-2011 dönemidir. Bu dönemin seçilmesinin öncelikli nedeni görece güncele en yakın verileri kapsamasıdır. Diğer bir neden ise, belirlenen yakınsama/ıraksama dinamiklerinin ilgili verilerinin ortak olarak sadece bu dönem için var olmasıdır. Bir diğer anlatımla, dönem seçimi, verinin doğası ve güncele yakınlık kapsamında yapılmıştır.

6.1. Türkiye İçin Iraksama Dinamikleri

Türkiye için gerçekleştirilen yakınsama/ıraksama analizleri sonucunda ortaya çıkan ıraksama olgusunun, ilgili literatür tarafından ortaya koyulan faktörler tarafından belirlendiği varsayıldığında, bu faktörlerin aynı zamanda

---

[5] Literatürde sıkça regresyon analizleri kullanılmakla birlikte, dönemin kısa olması ve bağımsız değişken sayısının fazla olması modelleme sorunlarına neden olduğundan bu çalışma kapsamında regresyon analizlerine yer verilmemiştir.

Türkiye için bölgelerarası gelir dağılımı ıraksama dinamikleri oldukları da kabul edilmelidir. Bu faktörler:

a. Net Göç Oranı: Bir bölgenin yıl içinde aldığı ya da verdiği net göç miktarının bölge nüfusuna bölünmesiyle elde edilen parametredir. Literatürde nüfus ile birlikte değerlendirilmektedir.

b. Nüfus: Bir bölgenin nüfusunun toplam nüfusa oranını içeren parametredir. Büyüme teorileriyle tutarlı bir şekilde, nüfusun bölgenin iktisadi büyümesini doğrudan etkilediği kabul edilmektedir.

c. Beşeri Sermaye: Özellikle büyüme literatürüyle uyumlu bir şekilde, işgücünün miktarı kadar niteliğinin de önemli olması durumunu temsil eden parametredir. Analizler kapsamında Türkiye için yaygın eğitim istatistiklerinden faydalanılmıştır. Sertifikalı mesleki eğitim kapsamında, bölgelerin verilen eğitimlerden faydalanma oranları bu parametreyi oluşturmaktadır.

d. Kişi Başına Brüt Sermaye Yatırımı: Büyüme teorileriyle uyumlu bir şekilde, sermaye oluşumu ve verimliliği temsil eden parametredir. Türkiye için yapılan analizlerde, yıl içinde Türkiye çapında gerçekleştirilen toplam sermaye yatırımlarının bölge payları analizlere dahil edilmiştir.

e. Kişi Başı İhracat: Bölgelerin, Türkiye'nin toplam ihracat hacminden aldıkları payın bölge nüfusuna oranıdır. Bu parametre kapsamında, dış ticarete açıklık veya yakınlık derecesinin analizlere dahil edilmesi sağlanmıştır.

Bu faktörlerin tümünün yıllık bölgelerarası varyanslarının, bölgelerarası kişi başı katma değer varyansı ile korelasyon düzeyleri Tablo 12'de gösterilmektedir.

Tablo 12. Bölgelerarası Kişi Başı Katma Değer Varyansı ile Diğer Faktörlerin Varyanslarının Korelasyonu (2004-2011)

	Kişi Başı Katma Değer Varyansı	Kişi Başı Brüt Sermaye Yatırımları Varyansı	Net Göçün Bölge Nüfusuna Oranının Varyansı	Kişi Başı İhracat Payının Varyansı	Bölge Nüfusunun Toplam Nüfusa Oranının Varyansı	Bölge Yaygın Eğitim Payının Varyansı
2004	6565,85	0,0044	67,95	0,484	0,0008	6,074
2005	8420,45	0,0043	80,52	0,657	0,0009	6,156
2006	11795,60	0,0048	98,12	0,881	0,0009	6,202
2007	14377,60	0,0051	123,44	1,225	0,0010	5,003
2008	17594,01	0,0050	121,16	1,768	0,0010	7,116
2009	15361,92	0,0056	54,88	0,888	0,0010	6,658
2010	17598,78	0,0055	57,49	1,095	0,0010	6,655
Korelasyon: İlgili Parametrenin Kişi Başı Katma Değer ile Korelasyonu						
Korelasyon:		***0,875***	***0,181***	***0,825***	***0,963***	***0,384***

Kaynak: TUİK Verilerinden Tarafımızca Hesaplanmıştır

Iraksama dinamikleri olarak literatürde ön plana çıkan tüm faktörlerin, 2004-2011 dönemi Türkiye bölgelerarası ıraksaması için de değişen oranlarda olmak üzere ıraksama dinamikleri olarak ortaya çıktıkları Tablo 12'den görülmektedir. Bu dönemde nüfus, kişi başına yatırım ve kişi başına ihracat parametrelerinin bölgelerarası varyanslarının kişi başı katma değerin bölgelerarası varyansı ile yüksek pozitif korelasyona sahip olduğu görülmektedir. Beşeri sermaye birikiminin temsili için kullanılan yaygın eğitim parametresinin de daha düşük bir düzeyde olmakla birlikte bölgelerarası kişi başı katma değer parametresiyle pozitif korelasyona sahip olduğu görülmektedir. Net göçün nüfusa oranının varyansının ise kişi başı katma değer parametresiyle çok zayıf ancak yine pozitif bir korelasyona sahip olduğu görülmektedir. Tüm bu analizler sonucunda ortaya çıkan sonuçlar şu şekilde özetlenebilir:

1. Bölge nüfusunun toplam nüfusa oranı en önemli ıraksama dinamiğidir. Nüfusu fazla olan bölgeler, nüfusu az olan bölgelere oranla daha hızlı büyümekte olduklarından nüfus farklılıkları kuvvetli bir ıraksama dinamiğidir.

2. Kişi başı sabit sermaye yatırımlarından bölgelerin aldığı pay önemli bir yakınsama/ıraksama dinamiğidir. Kişi başı sabit sermaye yatırımı yüksek olan bölgeler, başlangıç gelir düzeyleri de daha yüksekse, kişi başı sabit sermaye yatırımları düşük bölgelerden kuvvetli şekilde ıraksarlar.

3. Dış ticaretten bölgelerin yararlanma oranı bir başka önemli yakınsama/ıraksama dinamiğidir. Literatürle uyumlu şekilde, bölgelerarası ıraksama olgusunun en kuvvetli nedenlerinden biri, görece yüksek gelire sahip bölgelerin daha fazla dış ticaret gelirine sahip olmalarıdır.

4. Beşeri sermaye birkimi, orta düzeyde etkili bir yakınsama/ıraksama dinamiğidir. İşgücü niteliğinde sağlanan artışlar büyümeyi de etkilediğinden, görece geliri yüksek bölgelerde gerçekleşen daha yüksek oranlı mesleki eğitimler bir ıraksama dinamiği oluşturmaktadır.

5. Bölgelerin aldığı net göçün nüfusa oranı zayıf bir ıraksama dinamiği olmakla birlikte, net göçün nüfusa oranının varyansının bölge kişi başı gelirin varyansına etkisi pozitiftir. Daha fazla göç alan bölgeler daha az göç alan bölgelerden, eğer başlangıç gelirleri daha yüksekse, ıraksama eğilimindedirler.

6.2. Bölgesel Sektör Yoğunlaşmalarının Gelir Dağılımı Üzerindeki Etkileri

Bölgelerarası gelir dağılımı analizleri literatüründe sıkça vurgu yapılan bir diğer gelir dağılımı dinamiği de bölge düzeyinde sektörel yoğunlaşmalardır. Bu kapsamda bahsi geçen olgu, katma değeri yüksek olan sanayi ve hizmet sektörlerinin belli bölgelerde yoğunlaşması ve bu bölgelerin tarım yoğun bölgelerden gelir olarak ıraksamasıdır. Tarım sektörünün yarattığı katma değerin görece daha düşük olmasının, sanayi ve hizmet sektörünün yarattığı katma değerin ise tarım sektörüne oranla daha yüksek olmasının bu duruma neden olduğu kabul edilmektedir.

Sektörel yoğunlaşmanın etkileri alanındaki tartışmalar çok geniş bir perspektife sahiptir. Sektörel yoğunlaşmanın bölgelerarası gelir dağılımı yakınsamasına yol açtığını savunan görüş, sürecin dinamiklerini sektörel yoğunlaşma sonrası artan gelirin göçü tetiklemesine bağlamaktadır. Artan göç ve nüfus ile faktör fiyatları düşmekte, bu düşüş öyle bir eğilim içine girmektedir ki sonuç olarak yoğunlaşmanın yaşandığı bölgeler ile terk edilen tarım bölgeleri arasında kişi başına gelir düzeyinde yakınsama olgusu gözlemlenmektedir. Karşıt görüş ise yoğunlaşmanın yaşandığı bölgelerde göç ile nüfusun ve işgücünün artmasıyla daha yüksek üretim daha fazla yatırım döngüsünün başlayacağı, artan nüfusla azalan kişi başı gelirdeki azalmanın orta düzeyde telafi edileceğini ve gelir dağılımının yoğunlaşma yaşanan bölgeler lehine bozulacağını savunmaktadır.

Bu iki görüşün test edilmesi ancak ampirik verilerle yapılacak analizlerle mümkün olacaktır. Bölge düzeyinde, sektör paylarının toplam gelirden alınan paylarla ilişkisi ve sektör paylarının kişi başına gelirle ilişkisi ayrı ayrı analiz edilmelidir.

Bu alana dair ampirik veri TUİK'in 2004 sonrası sektör payları ile ilgili yayınladığı verilerde mevcuttur. 2004 yılı için ilgili veri örnek olarak aşağıda sunulmuştur.

Tablo 13. Bölgesel Düzeyde Sektör Payları

İstatistiki Bölge Birimleri Sınıflaması (Düzey 2)		**2004**				
		Tarım	**Sanayi**	**Hizmetler**	**Gayrisafi Katma Değer**	**Sıra**
TR	**Türkiye**	**100**	**100**	**100**	**100**	
TR10	İstanbul	1,0	28,7	32,0	27,8	1
TR21	Tekirdağ, Edirne, Kırklareli	3,8	2,9	2,1	2,5	12
TR22	Balıkesir, Çanakkale	4,8	1,5	1,8	2,1	16
TR31	İzmir	3,8	7,3	7,0	6,8	3
TR32	Aydın, Denizli, Muğla	6,8	3,4	3,5	3,8	8
TR33	Manisa, Afyon, Kütahya, Uşak	7,3	4,0	2,6	3,5	9
TR41	Bursa, Eskişehir, Bilecik	4,6	9,5	5,1	6,3	4
TR42	Kocaeli, Sakarya, Düzce, Bolu, Yalova	4,5	8,7	4,8	5,8	5
TR51	Ankara	2,7	7,6	9,8	8,4	2
TR52	Konya, Karaman	5,5	2,1	2,0	2,4	14
TR61	Antalya, Isparta, Burdur	5,9	2,0	4,4	3,9	7
TR62	Adana, Mersin	6,6	3,3	4,0	4,1	6
TR63	Hatay, Kahramanmaraş, Osmaniye	4,5	2,2	2,2	2,4	13
TR71	Kırıkkale, Aksaray, Niğde, Nevşehir, Kırşehir	4,1	1,3	1,2	1,5	19
TR72	Kayseri, Sivas, Yozgat	3,9	2,4	2,1	2,4	15
TR81	Zonguldak, Karabük, Bartın	0,9	2,2	1,3	1,5	20
TR82	Kastamonu, Çankırı, Sinop	2,1	0,6	0,8	0,9	25
TR83	Samsun, Tokat, Çorum, Amasya	6,0	2,0	2,6	2,8	10
TR90	Trabzon, Ordu, Giresun, Rize, Artvin, Gümüşhane	3,5	2,0	2,6	2,5	11
TRA1	Erzurum, Erzincan, Bayburt	2,1	0,6	0,9	1,0	24
TRA2	Ağrı, Kars, Iğdır, Ardahan	2,2	0,3	0,6	0,7	26
TRB1	Malatya, Elazığ, Bingöl, Tunceli	2,0	1,0	1,4	1,4	21

TRB2	Van, Muş, Bitlis, Hakkari	2,3	0,6	1,0	1,0	22
TRC1	Gaziantep, Adıyaman, Kilis	1,8	1,7	1,6	1,6	18
TRC2	Şanlıurfa, Diyarbakır	5,2	1,1	1,7	1,9	17
TRC3	Mardin, Batman, Şırnak, Siirt	2,0	0,8	0,9	1,0	23

Bu tabloda, örneğin TR10 İstanbul, Türkiye Sanayi sektörünün %28.7'sine, hizmet sektörünün %32'sine ve tarım sektörünün %1'ine evsahipliği yapmaktadır. Bu tabloya göre TR10 bölgesinin 2004 yılında Türkiye'de yaratılan katma değerin %27.8'ini üretmesine neden olmuştur.

Bir bölgenin sanayi ve hizmet sektörlerindeki toplam payı ile tarım sektöründeki payının, Türkiye için toplam yaratılan katma değerle ilişkisinin tespiti için korelasyon analizi yapıldığında aşağıdaki sonuçlara ulaşılmıştır.

Tablo 14. Bölgesel Düzeyde Yüksek ve Düşük Katma Değerli Sektör Paylarının Kişi Başı Katma Değer Payı ile İlişki Düzeyi

	(San.+Hizm.) GSKD Payı Korelasyonu	Tarım GSKD Payı Korelasyonu
2004	0,9984	-0,1681
2005	0,9985	-0,1685
2006	0,9984	-0,1497
2007	0,9982	-0,1764
2008	0,9982	-0,1639
2009	0,9979	-0,1698
2010	0,9980	-0,1874
2011	0,9983	-0,1903

Kaynak: TUİK verilerinden tarafımızca hesaplanmıştır

Tablodan görüldüğü üzere, bir bölgenin sanayi ve hizmet sektörü paylarının toplamı arttıkça, ülkede yaratılan katma değere katkısı da artmaktadır. Bu iki parametre arasındaki ilişki çok kuvvetlidir. Tam tersi bir şekilde de, bir bölgenin tarım sektöründeki payı arttıkça ülkede yaratılan katma değerdeki payı azalmaktadır. Bu iki parametre arasındaki ilişki ise çok zayıf ancak ters yönlü bir ilişkidir.

Bölgelerarası sektörel yoğunlaşma farklılıklarının gelir dağılımı ölçütü olan kişi başı gelirle ilişkisi için yapılan benzer bir analizde, sonuçlar yakınsama/ıraksama konusunda bir fikir verecek nitelikte olacaktır.

Tablo 15. Bölgesel Düzeyde Yüksek ve Düşük Katma Değerli Sektör Paylarının Kişi Başı Katma Değer Farklılaşması ile İlişki Düzeyi

	(San.+Hizm.) Sektörleri Payı KişiBaşıKD Korelasyonu	Tarım Sektörü Payı KişiBaşıKD Korelasyonu
2004	0,6667	0,0922
2005	0,6599	0,0705
2006	0,6654	0,1018
2007	0,6838	0,0682
2008	0,6823	0,1165
2009	0,6862	0,0930
2010	0,6797	0,0623
2011	0,6723	0,0683

Kaynak: TUİK Verilerinden tarafımızca hesaplanmıştır

Bölge düzeyinde sanayi ve hizmet sektörleri paylarının toplamının, kişi başı gelirle ilişkisi korelasyon analizi yöntemi ile belirlenmiştir. Analiz sonuçlarına göre, bu iki parametre arasında aynı yönlü "orta kuvvetli" bir ilişki söz konusudur. Bu sonuçların yorumu; bir bölgede sanayi ve hizmet sektörlerinin payı arttıkça, kişi başına gelir düzeyleri de (aynı oranda olmasa dahi) artmaktadır.

Bölgelerarası gelir dağılımı yakınsama/ıraksama analizi açısından ortaya çıkan sonuçlar şu şekilde özetlenebilir:

1. Yüksek katma değere sahip sektörler bir bölgede yoğunlaştıkça kişi başına gelir artma eğilimi göstermektedir.
2. Tarım sektöründe yaşanan yoğunlaşmanın kişi başına gelir üzerindeki etkileri çok zayıftır.
3. Sektörel yoğunlaşma, sanayi ve hizmet sektörlerinin yoğunlaştığı kentsel alanlarla tarım sektörü ağırlıklı kırsal alanlar arasındaki gelir dağılımını kentsel alanlar lehine bozmaktadır.

4. Kentsel alanların başlangıç gelir seviyeleri kırsal alanlara oranla daha yüksek olduğu varsayımıyla, sektörel yoğunlaşma bir ıraksama dinamiğidir.

6.3. Makro Ekonomik Büyümenin Bölgelerarası Gelir Dağılımı Üzerine Etkileri

Makroekonomik gelişmelerin, gelir dağılımı üzerinde etkisi literatürün tartıştığı alanlardan biridir. Kuznetz tarafından ortaya atılan görüşe göre, büyümenin ilk yıllarında gelir dağılımının bozulması ardından düzelmesi gerekliliğini ortaya koyan teori genel kabul görmektedir. Ancak "başlangıç" olarak tarif edilebilecek zamanın hangi zaman olduğu oldukça bulanık bir konudur. Bir ülkenin zaman serisi içinde hangi noktadan itibaren gelir dağılımının bozulacağı ve hangi noktadan sonra yeniden düzelmeye başlayacağının kestirimi çok zordur. Bu ancak, ekonomik sistemde temel değişiklikler olduğu zaman söz konusu olabilir. Örneğin doğu Avrupa ülkelerinin Sovyet birliğinden ayrılıp liberal ekonomiye geçtikleri 1990'ların başları bu kapsamda başlangıç noktası kabul edilebilir.

Türkiye için ise bu denli köklü dönüşümler yaşanmamıştır. Ekonomik yaklaşımlarda büyük değişimler yaşanmış olmakla birlikte, örneğin 1980'lere kadar ithal ikameci bir sistem benimsenmişken, 1980 sonrası ihracata dayalı, 1989 sonrası sıcak paraya dayalı bir sistem benimsenmiştir. Bu yaklaşım farklılıkları temel bir değişiklik olarak kabul edilebilecek düzeyde köklü değişiklikler değildir.

Türkiye için büyüme ile bölgelerarası gelir dağılımı arasındaki ilişki zayıf bir ilişkidir. Bölgelerarası kişi başı gelir bir seri ve sabit fiyatlarla Türkiye ekonomisi büyüme performansı diğer bir seri kabul edilerek yapılan korelasyon analizi sonuçları tablo 16'da gösterilmektedir.

1975-1997 arası korelasyon katsayısı 0,30

2004-2011 arası korelasyon katsayısı -0,14

Tablo 16. Büyüme Oranı ile Bölgesel Düzeyde Kişi Başı Gelir Varyans İlişkisi

Yıl:	Büyüme Oranı	Bölgelerarası Kişi Başı Gelirin Varyansı		
		1987 baz fiyatlarıyla		
1975	7,2	236.655		
1976	10,5	258.266		
1977	3,4	255.779		
1978	1,5	241.059		
1979	-0,6	233.374		
1980	-2,4	217.229		
1981	4,9	226.749		
1982	3,6	238.648		
1983	5,0	273.309		
1984	6,7	289.838		
1985	4,2	298.756		
1986	7,0	330.078		
1987	9,5	344.331		
1988	2,1	352.136		
1989	0,3	345.702		
1990	9,3	384.538		
1991	0,9	339.338		
1992	6,0	363.826		
1993	8,0	410.833		
1994	-5,5	358.755		
1995	7,2	413.034		
1996	7,0	428.282		
1997	7,5	500.413	Korelasyon:	***0,307494***
		1998 baz fiyatlarıyla		
2004	9,4	6.566		
2005	8,4	8.420		
2006	6,9	11.796		
2007	4,7	14.378		
2008	0,7	17.594		
2009	-4,8	15.362		
2010	9,2	17.599		
2011	8,8	25.101	Korelasyon:	***-0,14312***

Kaynak: TUİK

Bu sonuçlar bölgelerarası gelir dağılımı ile makro ekonomik büyüme arasında kuvvetli bir ilişki olmadığını göstermektedir. Ancak bu iki parametre tümüyle ilişkisiz değildir. Makro ekonomik daralma olan yıllar 1980-1994-2009 yıllarının ertesi yıllarında bölgelerarası gelir dağılımı ciddi oranda bozulmuş görünmektedir. Bu üç kriz yıllarını takip eden yıllarda sırasıyla %5, %15 ve %15'lik oranlarda bölgelerarası gelir dağılımı bozulmuş görülmektedir. Diğer bozulmalar ve düzelmeler arasında istikrarlı bir ilişki kurulamamaktadır.

SONUÇ

Gelir dağılımı sorunu, sosyal politika alanında önem atfedilen sorunlar arasındadır. Gelir dağılımında yaşanan bozulma ya da düzelmelerin toplumun bütünü üzerinde etkisi olmaktadır. Çarpık sanayileşme, gelir düzeyleri arasında ortaya çıkan uçurumlar ve bu durumun sosyal hayata yansıması Sanayi Devrimi sonrası hep tartışılagelen bir sorun alanıdır.

Gelir dağılımında yaşanan gelişmeler, alanda yapılan araştırmaların da önemli bir ağırlığını oluşturmaktadır. Genellikle, gelir dağılımının, kişisel gelir dağılımı üzerinden sorgulanması da en çok tercih edilen yaklaşımlar arasındadır.

Neo liberal iktisadın hakimiyet kurduğu ve yaşandığı 1980 sonrası dünyada perspektifler ve ilgili sorular da yeniden şekillenmek zorunda kalmıştır. Ekonomi artık küresel ölçekte ele alınmakta ve yönlendirilmekte iken, ekonomiye dair sorular da bu yeni perspektife göre yeniden yapılandırılmak zorunda kalmıştır.

Ortaya atılan öncül yaklaşımlardan biri küresel refahın ne şekilde kimler arasında paylaşıldığıdır. Bu sorunun arkasındaki önemli fikir, neo liberal iktisat akımının "reklam sloganı" kabul edilebilecek olan "küresel refah artışlarından tüm dünya yararlanmaktadır" tezinin ispatlanmasıdır. Ancak temel sorun, dünya ekonomisinde pasta büyürken, pastanın bölüşümünde bir değişikliğin var olup olmadığının tespit edilmesidir. Bu kapsamda yakınsama ya da "yakalama" hipotezi ortaya atılmış ve bu hipotez uzun zaman boyunca test edilmiştir. Her ne kadar neo liberal iktisadın hüküm dönemi öncesinde de bu alanda çeşitli fikir ve ampirik çalışmalar yapılmış olsa da, özellikle son dönem iktisat literatüründe yakınsama konusunun önemi ve ağırlığı artmıştır. Çalışmaların odak noktası, zengin/fakir, kuzey/güney, batı/doğu gibi kümelere ayrılmış yoksul ve zengin ülkelerin refahta birbirlerine yaklaşıp yaklaşmadıklarıdır. Bu sorularla ilgili analizin yapılması için belirlenecek parametre çok büyük önem taşımaktadır. Örneğin kıyaslanacak parametrenin GSYİH olarak kabulü, son dönemde en belirgin örnek olarak ortaya çıkan Çin gibi kalabalık ülkelerin hızlı büyüme performanslarına rağmen refah artışlarının yaşanmaması durumunu bir sapma olarak ortaya çıkaracaktır. Bu nedenle ülkelerarası gelir dağılımı analizlerinde kişi başı gelir parametresi kullanılmasının sağlıklı olacağı sonucuna varılmıştır.

Bu kapsamda yapılan çalışmalar ağırlıklı olarak iki çeşit yakınsama tanımlamışlardır. Bunların ilki β-yakınsaması olarak bilinen ve başlangıç gelir seviyesi daha yüksek olan ülkelerin, başlangıç gelir seviyesi daha düşük olan ülkelere kıyasla daha yavaş büyüme durumlarını tarif eden yakınsama çeşididir. Diğer yakınsama türü σ-yakınsaması olarak bilinen ve ülkeler arasında kişi başı gelir seviyeleri arasındaki farklılaşmanın (varyans ile ölçülmektedir) zaman içinde azalması durumunu tarif eden yakınsama türüdür.

Yakınsama odaklı çalışmalar çeşitli sonuçlar vermektedir. Sonuçlarda genel bir tutarlılık ve tekil ya da genel kabul gören bir sonuçtan bahsetmek mümkün değildir. Kimi çalışmalarda, mutlak yakınsama durumları tespit edilirken, kimi çalışmalarda da yakınsamanın var olmadığı, aksine kuvvetli bir ıraksama durumu olduğu ispat edilmiştir. Bu farklı sonuçların temelinde, analize dahil edilen ülkelerin karakteristik özelliklerinin farklılıkları yatmaktadır. Örneğin yapısal olarak birbirine çok benzeyen OECD üst orta gelir grubunu oluşturan ülkelere yönelik yapılan yakınsama analizleri mutlak yakınsama sonucu ortaya koymaktayken, bu çeşit ülkelerin örneğin sahra altı Afrika ülkeleriyle analiz edilmesi durumunda yakınsama sonucuna ulaşılamamaktadır.

Yakınsama odaklı çalışmaların ilk dalga örneklerinde büyük oranda sadece yakınsama/ıraksama analizleri yapılmaktayken, izleyen dönemlerde yakınsama ya da ıraksamanın nedenleri araştırmaların konusu olmuştur. Bu aşamadan sonra yakınsama/ıraksama nedensellik analizleri büyüme teorileriyle paralellik arz etmeye başlamıştır. Sonuç olarak yoksul bir ülkenin kendinden zengin bir ülkeye yakınsaması için, β-yakınsaması için, zengin ülkeden daha hızlı büyümesi gerekmektedir. Bu büyüme öyle bir oranda olmalıdır ki, yakınsama analizlerinin temel parametresi kişi başı gelir olduğundan, yoksul ülkenin zengin ülkedeki nüfus artış oranını aşan oranda artan nüfusunun azaltıcı etkilerini de örtmelidir. Ancak büyümenin iki ana motorunun nüfus ve yatırımlar olduğu düşünüldüğünde ortaya paradoksal sonuçlar çıkmaktadır. Yakınsama analizlerinde nüfus ile ilgili olduğu gibi pek çok değişkenin etkilerinin belirlenmesi önemli bir güçlük ortaya koymaktadır. Bunun nedeni ilgili tüm değişkenlerin analize dahil edilen ülkelerin her birinde kendine özgü sonuçlar doğurmasıdır. Bu güçlükler, gelir dağılımı yakınsama/ıraksama dinamikleri üzerine yapılan çalışmalarda büyük çelişkiler ve farklı sonuçların ortaya çıkmasına neden olmuştur.

Bu çalışma kapsamında da literatüre hakim yaklaşımlar temel olarak kullanılmıştır. Özellikle σ-yakınsaması ve β-yakınsaması analizleri çalışmanın özündeki tezi sınamak için kullanılmıştır. Çalışmanın öncelikli cevap aradığı soru, Türkiye'de gelir dağılımında bölgeler arasında zaman içinde nasıl bir gelişme vardır. Bölgeler birbirlerine yakınsamakta mıdır yoksa birbirlerinden ıraksamakta mıdır? sorusudur.

Analiz sürecinde analizin temel parametresi kişi başına gelirdir. Yakınsama analizi bu parametrenin göreli değişimini ele almaktadır. Bir başka anlatımla, yakınsama analizinde, bir bölgenin kişi başına gelirinin diğer bir bölgeye kıyasla ne oranda değiştiği ya da bölgeler arasındaki farkın azalıp azalmadığıdır. Böylesi göreli bir değişim ancak bölgelerden en az birinin kişi başı gelir düzeyinin değişmesi durumunda mümkündür. Bu değişim genellikle büyüme şeklinde gerçekleşmekte ve her iki bölge için de geçerli olmaktadır. Değişim için ise iki bölgenin kişi başı gelir düzeylerinin farklı hızlarda büyümüş olması gereklidir. Genellikle karşılaşılan durum budur. Bu bakış açısından, yakınsama analizleri büyüme dinamikleriyle yakın ilişki içinde olmalıdır. Büyümenin temel dinamiklerinin bölgeler arası farklı etkileri gelir dağılımını da etkilemektedir. Hızlı büyüyen bölgenin gelir düzeyi başlangıçta yüksek olduğunda ıraksama durumu ortaya çıkmaktadır. Bu bakış açısı, yakınsama literatürünün tam tersi varsayımlarla hareket etmektedir. Örneğin yakınsama literatürü, β-yakınsaması kapsamında, daha düşük kişi başı gelire sahip olan bölgelerin, daha yüksek kişi başı gelire sahip bölgelere kıyasla daha hızlı büyüyeceğini öngörmektedir. Oysa büyüme temelli yaklaşım, bu durumun ancak iki bölgenin aynı kararlı denge düzeyine sahip olması durumunda gerçekleşeceğini kabul etmektedir. Aynı kararlı denge düzeyine sahip olmayan bölgeler arasında başlangıç gelir düzeyi yüksek olanın, Solow içsel büyüme modeline atıfla, büyüme dinamiklerinden daha etkin yararlanacağı var sayımıyla, daha düşük gelire sahip bölgelerden daha hızlı büyüyeceğini dolayısıyla da bölgeler arası ıraksama durumu ya da β-yakınsamasının gerçekleşmeme durumunun ortaya çıkacağı kabul edilmektedir.

Bu kapsamda bölgeler arası gelir dağılımı analizleri belli büyüme üzerinde etkili dinamikler üzerinden yürütülmelidir. Büyüme üzerinde sayısız parametrenin etkili olduğu gerçeğinden hareketle bu dinamikler arasında en önemlileri belirlenmelidir. Bu kapsamda, bu çalışma gelirin oluşması, dağılması ve yakınsama ya da ıraksama dinamiği olarak etkili olması en yüksek ihtimale sahip parametreleri belirlemiştir. Bu parametreler özetle şu şekildedir:

1. Nüfus, göç, demografik yapı ve beşeri sermaye
2. Sermaye stoğu ve sermayenin birikim hızı
3. Kentleşme ve ekonomik yoğunlaşma ve
4. Kamusal müdahaleler

Bu faktörler, büyüme ve yakınsama literatürünün ortak önem atfettiği faktörler olması sebebiyle de temel faktörlerdir. Nüfus/işgücü ve sermaye, üretim fonksiyonunun temel bileşenleridir. Üretimdeki artış hızının farklılaşması bu temel değişkenlere bağlıdır. Dolayısıyla, bir yakınsama ya da ıraksama durumunun temel belirleyicileridir. Kentleşme ve ekonomik yoğunlaşma ile kamusal müdahaleler, ikincil ancak yakınsama ya da ıraksamanın şiddetini belirleyici değişkenlerdir. Örneğin kentlerde ekonomik yoğunlaşma, üretim faktörlerinin ve pazarların ortak bir alanda toplanması ile etkinlik artışı sonucu doğurmaktadır. Bir başka örnek olan kamusal müdahaleler, örneğin kamu yatırımları, daha yoksul bölgelerin daha fazla refaha erişmesi imkanını sağlamaktadır. Türkiye için kamusal müdahaleler bu çeşit bir analize dahil edilmek için sağlıklı bir yapıda gelişmemiştir. Kalkınmada Öncelikli Yöreler uygulaması politik kaygılarla yaygınlaştırılmış ve hedefinden sapmıştır. Yanlış teşvik politikaları da etkinsizdir. En önemli kamusal müdahale alanı olan, kamu yatırımları ise, büyük oranda yanıltıcıdır. Bunun nedeni jeopolitik öneme sahip bölgelerde yapılan stratejik önemi büyük kamu yatırımlarıdır. Örneğin Ortadoğu için stratejik öneme sahip su kaynaklarının kontrolü için ülke tarihinin en yüksek miktarlı kamu yatırımı olan GAP projesi gerçekleştirilmiştir. Bu mantıkla gerçekleştirilmiş büyük projelerin gelir dağılımı analizlerinde yanıltıcı etkisi söz konusu olacaktır. Bunun nedeni, örneğin GAP projesi ile bölgede yaşayan nüfusun refahında belirgin bir fark oluşmazken, öne sürülenin tersine örneğin tarımda toprakların tuzlanması sonucu üretim düşüşleri yaşanmıştır[6]. Yine bu yatırımların stratejik önemleri nedeniyle, normalden fazla maliyetli olmaları durumu da gelir dağılımı analizleri açısından oldukça yanıltıcıdır. Ancak en önemli saptırıcı etki bu çeşit stratejik yatırımların, politik öneme haiz

---

[6] Bkz ilgili bölge raporları, örneğin URFA VAP MPM Yay.

bölgelerde gerçekleşmesi ve bu bölgelerin de genelde en yoksul bölgeler olmasıdır[7]. Tüm bunların sonucunda, literatür bulguları ve konu içindeki önemi açısından kamusal müdahaleler ampirik analizlere dahil edilmemekle birlikte temel faktörler arasında sayılmıştır.

Bir araştırma sorusu, araştırmacının bilimsel çerçeve içinde gerçek hayatta gözlemlenen olgularla ilgili teori oluşturmasının ilk adımını oluşturmaktadır. Gelir dağılımı ile ilgili yapılan her çalışmada da, gözlemlenen olguların bilimsel çerçevede sınanması söz konusudur. Ancak gelir dağılımı konusu oldukça geniş, ikincil ve diğer etkileşim düzeylerinin çok fazla ve parametrelerin kuvvetle birbirleriyle ilişkide olması tek bir araştırma sorusunu yeterli kılmamaktadır. Temel araştırma sorusu her zaman "bölgeler arası gelir dağılımı zaman içinde düzelmekte/bozulmakta mıdır?" olmakla birlikte, "neden" ve "ne şekilde" soruları da her zaman cevaplanmaya muhtaç kalmaktadır. 2004 öncesi literatürde gelir dağılımının ne şekilde hareket ettiği temel ve tekil sorunken, 2004 sonrasında nedensellik ilişkisi de önem kazanmıştır.

Türkiye için, bu başlık altında yapılacak her hangi bir araştırma öncesinde, araştırmacının gözlemleri tek bir sonucu ortaya koymaktadır. Türkiye'de çok uzun yıllara sair, bölgeler arası gelişmişlik farklılıklarının artması, bu nedenle göç ve çarpık kentleşmenin yaşanması, yoksulluğun yaygınlaşması ve işsizliğin artması durumları yaşanmaktadır. Dolayısıyla sınanacak tez "Türkiye'de bölgeler arası gelir dağılımı bozulmaktadır" tezidir. Bu çalışmada da bu tez sınanmıştır.

Kısıtlı da olsa ampirik veriler üzerinden yapılan analizler bu çalışma için bu tezi doğrulamıştır. Öncelikle sınanan bir bölgenin büyüme oranı ile başlangıç gelir seviyesi arasında ters yönlü bir ilişki vardır ya da fakir bölgeler zengin bölgelere oranla daha hızlı büyürler önermesini içeren β-yakınsaması durum analizinden Türkiye için 1975 sonrasında istatistiksel olarak anlamlı bir ilişki bulunamamıştır.

Sonraki adımda varsa ıraksama durumu ve boyutunu ortaya koyan, gelir dağılımında değişiklik olduğunda başlangıç gelir düzeylerinin varyans ile son gelir düzeylerinin varyans arasında farklılıklar oluşur önermesini içeren σ-

[7] Başta Güneydoğu Anadolu

yakınsaması analizi yapılmış ve önemli sonuçlara ulaşılmıştır. Türkiye'de bölgeler arası gelir düzeyleri çok kuvvetli bir oranda ıraksamaktadır.

Türkiye için ispatlanan ıraksama durumunun bölgeler arası gelişim motifinin de önemli olduğu kabul edilmelidir. Gelişim motifi ile adlandırılan durum, bölgeler arası gelir dağılımı ıraksama sürecinde, kimi bölgeler kendi aralarında birbirlerine yakınsamakta ve diğer bölgelerden ıraksama durumudur. Ayrıca yine çeşitli bölge grupları gelir skalasının iki ucunda yoğunlaşma durumu da ıraksama gelişim motifini şekillendirmektedir. Birinci durum, literatürde "kulüp yakınsaması" olarak geçen ve parametrik yöntemlerle tespit edilemeyen ve üzerinde uzlaşılmış bir tespit yöntemi de bulunmayan bir durumdur. İkinci durum ise "kutuplaşma" olarak adlandırılan ve gelir dağılımı ıraksama durumunda kronikleşme sinyali kabul edilebilecek bir durumdur. Kutuplaşmanın tespiti için de herhangi bir analiz yöntemi üzerinde, literatürde fikir birliği oluşmamıştır. Bu çalışmada kutuplaşma ve kulüp yakınsaması durumlarının tespiti için yeni bir yöntem geliştirilmiş ve bölgeler arası ikili analizler sonucunda Türkiye için çeşitli bulgular elde edilmiştir. Bu bulguların en önemlileri, Türkiye'de bölgeler arası gelir dağılımında kutuplaşmanın söz konusu olduğu ve iki kutup arasında kalan bölgelerin toplam 6 kulüpte birbirlerine yakınsadıklarıdır.

Bu üç analiz Türkiye için ıraksama durumunun tespiti ve gelişimi ile ilgili makro resmi ortaya koymuştur.

Iraksama sürecine etki eden faktörlerin neler olduğu ve ne ölçüde etki ettiklerinin de tespiti önem taşımaktadır. Türkiye için tespit edilen ıraksama olgusunun hangi faktörlerden etkilendiğinin tespitinde geniş ölçüde literatürden yararlanılmıştır. Bu kapsamda literatürde öne çıkan faktörlerin bölgelerarası varyanslarının, kişi başı gelir varyansı ile ilişkisi korelasyon analizleriyle ortaya koyulmuştur.

Bu analizlerin sonucunda bölgelerarası gelir dağılımında yaşanan düzelmeler ya da bozulmaları etkileyen faktörler şunlardır:

1. Sermaye birikimi ve yatırımlar arasındaki farklılaşma
2. Nüfus yoğunluğu ve net göç arasındaki farklılaşma
3. Beşeri sermaye artışlarındaki farklılaşma
4. İhracat hacmi arasındaki farklılaşma

Tüm bu faktörlerin gelir düzeyleri arasındaki farklılaşma ile aynı yönlü ilişkileri söz konusudur. Daha net bir anlatımla, bölgelerarası düzeyde sermaye birikimleri ve yatırımlar arasındaki farklılaşma artarsa, bölgelerarasında nüfus ve net göç oranlarındaki farklılaşma artarsa, bölgeler arasında beşeri sermaye farklılaşması artarsa ve bölgelerarası kişi başı ihracat hacminde farklılaşma artarsa, bölgelerarası gelir düzeyleri arasındaki farklılaşma da artar ve gelir dağılımında bozulma durumu ortaya çıkar.

Çalışma kapsamında gerçekleştirilen literatür çalışması ve ampirik analizler sonucunda, bölgeler arası gelir dağılımında düzelmeler sağlanması için ortaya koyulabilecek politika önerileri de netleşmiştir. Bu politika önerileri aşağıda sunulmuştur:

1. Makro ekonomik istikrar çok önemlidir. Her yaşanan büyük ekonomik daralma sonrasında bölgeler arası gelir dağılımı bozulmaktadır.

2. Gelir dağılımındaki bozulmanın kalıcı olmasına neden olan kutuplaşma olgusunun ortadan kaldırılması gereklidir. Bu kapsamda, TRC3, TRA2 ve TRB2 bölgelerine özel önem atfedilmesi, sonrasında TRA1, TRC2 ve TR90 bölgeleriyle birlikte değerlendirilmelidir. Bu 6 bölgenin kişi başı gelir düzeylerinin artırılması için özel sektörün boş bıraktığı alanlara kamusal müdahaleler gereklidir. Bu müdahaleler doğrudan yatırımlar olabileceği gibi, dolaylı olarak teşvik ve vergi politikalarıyla da gerçekleştirilebilir.

3. Bölgelere yönelik uygulanan teşvik politikaları bölge gelir düzeyleri temelinde belirgin bir şekilde farklılaştırılmalıdır.

4. Göç ve nedenlerine yönelik çalışmalar yapılmalı, kırdan kente göç azaltılmalı mümkün olursa tersine bir durumun oluşturulması için çeşitli politikalar geliştirilmelidir.

5. Kimi bölgelerin, dış ticaret hacimlerini artırmaya yönelik çalışmalar gerçekleştirilmeli. Ulaşım altyapısı ve ulaşım maliyetleri (mazot vb) alanlarında bölgelerarası farklılaşma giderilmelidir.

6. Verimlilik artışları için ölçek etkinliği önemlidir. Gelir düzeyi düşük bölgelerde kooperatifleşme ya da katılımcı yatırımlar (çok ortaklı) özendirilmelidir.

7. Yaygın eğitim alanında, gelir düzeyi düşük bölgelerde katılımcı sayısının artırılması sağlanmalı (kurs ücretleri minimize edilmeli), yaygın eğitim konuları

çeşitlendirilmeli ve uygulamalı eğitimler kamu destekli olarak yaygınlaştırılmalıdır.

8. Ekonomik yoğunlaşmanın ortaya çıkardığı bölge düzeyindeki edinimlerin diğer bölgelere yaygınlaştırılması sağlanmalıdır. (ülke içi bölgelerarası fuarların sayısının ve yaygınlığının artırılması en öne çıkan araçlar arasındadır)

Benzer eksende politika önerileri çeşitlendirilebilir.

Bu çalışma kapsamında cevap aranan "Türkiye'de bölgelerarası gelir dağılımı ıraksamakta mıdır? Nedenleri nelerdir? Bu nedenlerin boyutu ve etki yönü nedir? vb." gibi soruların cevabı temel yöntemler kullanılarak cevaplandırılmıştır. Temel yöntemlerin yetersiz kaldığı alanlarda özgün yöntemler geliştirilmiştir. Sonuçlar bu temeller üzerine şekillendirilmiştir. Elde edilen sonuçlar literatürle özgün olduğu noktalarda ilişkisizdir. Diğer tüm alanlarda, literatürde çeşitli ağırlıklarla savunulan görüşler ve çeşitli ampirik çalışmalarla tutarlıdır. Sosyal politika açısından en temel konular arasında olan gelir dağılımı konusunun bölgelerarası boyutuna yönelik sadece sonuç olarak değil perspektif olarak da katkıda bulunulmaktadır.

Kaynakça:

Acemoğlu, D., Johnson, S. Robinson, J.A., (2001), " Revearsal of Fortune: Geography and Institutions in the Making of Modern World Income Distribution", NBER WORKING PAPER SERIES 8460

Adamopoulos, T. (2011), Transportation Costs, Aggricultural Productivity adn Cross-Country Income Differences, International Economic Review, Vol.52, No.2

Aktan, C.C., (2002a), "Dünyada gelir Yoksulluğu ve Türkiye'nin Konumu", Yoksullukla Mücadele Stratejileri, Coşkun Can Aktan (ed.), Hak-İş Konfederasyonu Yayınları, Ankara

Aktan, C.C., Vural, İ.Y. (2002d), "Türkiye'de Bölgelerarası Dengesizlik Sorunu ve Çözüm Önerileri", Yoksullukla Mücadele Stratejileri, Coşkun Can Aktan (ed.), Hak-İş Konfederasyonu Yayınları, Ankara

Alessina, A., Perotti, R. (1996), "Income distribution, Political Instability, and Investment", European Economic Review 40

Altınbaş, S., Doğruel, F. ve Güneş, M. (2002) Türkiye'de bölgesel yakınsama: kalkınmada öncelikli iller politikası başarılı mı? VI. ODTÜ Uluslararası Ekonomi Kongresi, 11-14 Eylül, Ankara

Aronson, T., Lundberg, J., Wikström, M. (2010), "Regional Income Growth and Net Migration in Sweden, 1970-1995", Regional Studies, 35:9

Atkinson, A.B. (1970), "On the Measurement of Inequality", Journal of Economic Theory, No.2

Atkinson, A.B. (1997), "Bringing Income Distribution in From Cold", The Economic Journal No.107

Atkinson, A.B., Brandolini, A. (2010), "On Analyzing the World Distribution of Income", The World Bank Economic Review, Vol 24 No. 1

Baldwin, R.E., Martin, P., Ottaviano, G.I.P. (1998), "Global Income Divergence, Trade an Industrialization: The Geography of Growth Take-offs", NBER WORKING PAPER SERIES 6458

Bangs, R.B. (1940), "The Definition and Measurement of Income", The Accounting Review, Vol.15, No.3

Barro, R.J. (1996), "Determinants of Economic Growth: A Cross-Country Empirical Study", NBER WORKING PAPER SERIES, Working Paper 5698

Barro, R.J. (2012), "Convergence and Divergence Revisited", NBER WORKING PAPER SERIES, Working Paper 18295

Barro, R.J., Sala-i Martin, X. (1990), "Economic Growth and Convergence Across the United States", NBER WORKING PAPER SERIES, Working Paper 3410

Barro, R.J., Sala-i Martin, X. (Tarihsiz), "Convergence across States and Regions"

Basu, S., Fernald, J.G., Shapiro, M.D. (2001), "Productivity Growth in the 1990s: Technology, Utilization or Adjustment?", Carnegie-Rochester Conference Series on Public Policy 55

Baumol, W.J., Wolff, E.N. (1988), "Productivity Growth, Convergence, and Welfare: Reply", The American Economic Review, Vol. 78, No. 5

Beach, C. M., Davidson, R. (1983), "Distribution-Free Statistical Inference with Lorenz Curves and Income Shares", The Review of Economic Studies, Vol. 50, No. 4

Benabou, R. (2000), "Unequal Societies: Income Distribution and the Social Contract", The American Economic Review, Vol. 90, No. 1

Ben-David, D. (1997), "Converging Clubs and Diverging Economies", NBER and CEPR Paper Series, JEL Class. O1,O4,O5

Ben-David, D. (1998), "Converging Clubs and Subsistence Economies", Journal of Development Economics Vol. 55

Berber, M. Yamak, R. ve Artan, S. (2000) "Türkiye'de Yakınlaşma Hipotezinin Bölgeler Bazında Eçerliliği Üzerine Ampirik Bir Çalışma: 1975-1997.", 9. Ulusal Bölge Bilimi ve Bölge Planlama Kongresi Bildiriler Kitabı

Berger, Y.G., Skinner, C.J. (2003), "Variance Estimation for a Low-IncomeProportion", SSRC Methodology Working PaperM03/03

Bianchi, M. (1997), "Testıng For Convergence: Evidence From Non-Parametric Multimodality Tests", JOURNAL OF APPLIED ECONOMETRICS, Vol. 12

Bickenbach, F., Bode, E. (2003), "Evaluating the Markov Property in Studies of Economic Convergence",International Regional Science Review 2003 26: 363,

Binatlı, A.O., (2012), Growth and Income Inequality: A Comperative Analysis, Economics Research International Vol.2012, ArtID: 569890

Bishop, J.A. , Chiou, J-R. (2004), "Economic transformation and earnings inequality in China and Taiwan", Journal of Asian Economics No.15

Bishop, J.A., Formby, P.J., Thistle, P.D. (1992), "AssociationConvergence of the South and Non-South Income Distributions, 1969-1979", The American Economic Review, Vol. 82, No. 1

Bishop, J.A., Formby, P.J., Thistle, P.D. (1994), "Convergence and Divergence of Regional Income Distributions and Welfare", The Review of Economics and Statistics, Vol. 76, No. 2

BM UNCTAD (1997), TRADE and DEVELOPMENT REPORT, UNCTAD Challenge, Vol. 41,No.2

Bonesmo Fredriksen, K. (2012), "Income Inequality in the European Union", OECD Economics Department Working Papers, No. 952, OECD Publishing. http://dx.doi.org/10.1787/5k9bdt47q5zt-en

Boratav, K. (2004), "'Yoksulluk' Kavramı Üzerine Notlar", Toplum ve Hekim, Cilt: 19, Sayı:1.

Boratav, K., Özuğurlu, M. (2006), "Social Policies and Distributional in Turkey: 1923-2002",

Borluk, S. (2006), **Yatırımlar ve Ekonomik Büyüme**, Ankara, MPM Yayın No:691

Bosker, M. (2007), "Growth, Agglomeration and Convergence: a Space-time Analysis for European Regions",Spatial Economic Analysis, 2:1

Brewer, M., Browne, J., Hood, A., Joyce, R., Sibieta, L. (2013), The Short and Medium-Term Impacts of the Recession on the UK Income Distribution, Fiscal Studies, Vol.34, No.2

Bucci, A., (2009), Scale Effects, Savings and Factor Shares in a Human Capital Based Growth Model With Phsical Capital Accumulation, International Economic Journal, Vol.23, No.3: 291-307

Budd,E.C., Radner, D., Whıteman, T.C. (1984), "An Accounting Framework for Transfer Payments and Its Implications for the Size Distribution of Income", **Economic Transfers in Unites States (1984)**, Moon,M. (ed.) içinde, Univ. Of Chicago Press, Chicago

Capolupo, R. (1998), "Convergence in Recent Growth Theories: a Survey", Journal of Economic Studies, Vol. 25 Iss: 6

Chambers, D., Krause, A., 2009, Is the Relationship Between Inequality and Growth Affected by Physical and Human Capital Accumulation?, Journal of Economic Ineq. (2010) 8:153-172

Champernowne, D. G. (1953), "A Model of Income Distribution", Source: The Economic Journal, Vol. 63, No. 250

CHELLIAH J. R. (1987), The Conditions of Economic Progress, Macmillan Co, London.

Chen, J., Fleisher, B.M. (1996), "Regional Income Inequality and Economic Growth in China", Journal Of Comparative Economics 22

Chiquiar, D. (2005), "Why Mexico's Regional Income Convergence Broke Down", Journal of Development Economics 77

Chotikapanich, D., Griffiths, W.E., Rao, P.D.S., Valencia, V., (2009), Global Income Dİstributions and Inequality 1993 and 2000, The Review of Economics and Statistics 94 (1): 52-73

Cingolani, M. (2012), Interest, Growth and Income Distribution, International Journal of Political Economy, Vol.40, No.4

Clark, R. (2011), "World Income Inequality in the Global Era: New Estimates, 1990-2008, Social Problems, Vol. 58, No.4

Clarke, G.R. (1995), "More evidence on income distribution and growth", Journal of Development Economics Vol. 47

Coelen, S.P. (1978), "Regional Income Convergence/Divergence Again", Journal Of Regional Science, Vol. 18, No. 3

Cowell, F.A. (Tarihsiz), "The Structure of American Income Inequality", London School of Economics mimeo

Creedy, J., Kalb, G., Scutella, R. (2008), "Evaluatıng The Income Redistribution Effects Of Tax In Dıicrete Hours Models", John A. Bishop and Yoram Amiel, in (ed.) **Studies on Economic Well-Being: Essays in the Honor of John P. Formby** (Research on Economic Inequality, Vol.12), Emerald Group Publishing Limited

Cutler, D.M., Katz, L.F. (1992), "Rising Inequality? Changes in the Distribution of Income anf Consumption in the 1980s", NBER WORKING PAPER SERIES 3964

Dall'erba, S., Le Gallo, J. (2008), "Regional convergence and the impact of European structural funds over 1989–1999: A spatial econometric analysis", Papers in Regional Science, Volume 87 Number 2

Das,GUPTA P. (1993), An Inquiry into Well Being and Destitution, Clarendon Press, Oxford,

Delgado-Rodriguez, M.A., Alvarez-Ayusa, I. (2008), “Economic Growth and Convergence of EU Member States: An Empirical Investigation”, Review of Development Economics, 12 (3)

DENINGER K., SQUIRE L. (1996), “A New Data Set Measuring Income Inequalities”, World Bank Economic Review, sayısız.DOI: 10.1177/0160017603253789

Dowrick, S., Nguyen D-T. (1989), "AssociationOECD Comparative Economic Growth 1950-85: Catch-Up and Convergence", The American Economic Review, Vol. 79, No. 5

DPT, Gelir Dağılımı Özel İhtisas Komisyonu Raporu sayı 6, (1995), Ankara

DPT, Yedinci Beş Yıllık Kalkınma Planı Özel İh. Kom. Raporu (1994),Gelir Dağılımı ve Politikalar,Ankara

Drennan, M.P. (1999), “A Simple Test for Convergence of Metropolitan Income in the United States”, Journal of Urban Economics 46

DUMANLI R., (1992) Türkiye’de Gelir Dağılımı, Ankara

Durlauf, S.N. (1996), "On The Convergence and Divergence of Growth Rates", The Economic Journal, Vol. 106, No. 437

DURMUŞ M. (2003), Maliye Politikaları, Teori ve Uygulamalarının Değerlendirilmesi,Yaklaşım Yayınları, Ankara

Eicher, T.S., “Trade, Development and Converging Growth Rates Dynamic Gains From Trade Reconsidered”, Journal of International Economics 48

Eisner, R. (1984), "Transfers in a Total Income System of Accounts", **Economic Transfers in Unites States (1984)**, Moon,M. (ed.) içinde, Univ. Of Chicago Press, Chicago

Elvan, L. (tarihsiz), “Türkiye’de Bölgelerarası İktisadi Gelişmişlik Farklarının GSYİH (İller Endeksi) Esas Alınarak Karşılaştırılması”, Planlama Dergisi- Özel Sayı DPT’nin Kuruluşunun 42. Yılı

Elveren, A. Y., Galbraith, J.K., (2008), “Pay Inequality in Turkey, Univ. Texas Inequality Project”, Working Paper No: 49, Texas

Erdoğan, E., Ataklı R. (2012), “Investment Incentives and FDI in Turkey: The Incentives Package After the 2008 Global Crisis”, Procedia-Social and Behavioral Sciences 58

Erikkson, T., Jantti, M. (1997),"The distribution of earnings 1971-1990", European Economic Review 41

Erlat, H. (2012), "Türkiye'de Bölgesel Yakınsama Sorununa Zaman Dizisi Yaklaşımı", Türkiye Ekonomi Kurumu Tartışma Metni, No:2012/64

Esteban, J.M., Ray, D. (1994), "On the Measurement of Polarization", Econometrica, Vol.62, No.4

Ezcurra, R.,Rapun, M., (2007), Regional Dynamics and Convergence Profiles in the Enlarged EU, Tijdschrift voor Economische en Sociale Geografie, Vol.98, No.5:564-584

Fagerberg, J., Verspagen, B. (1996), "Heading for Divergence? Regional Growth and Europe Reconsidered", Journal of Common Market Studies Vol. 34, No.3

Fernández,R. Rogerson, R. (1998), "AssociationPublic Education and Income Distribution: A Dynamic Quantitative Evaluation of Education-Finance Reform", The American Economic Review, Vol. 88, No. 4

Firebaugh, G. (1999), "Empirics of World Income Inequality", American Journal of Sociology, Vol. 104, No. 6

Firebaugh, G. (2000), "The Trend in Between-Nation Income Inequality", Annual Review of Sociology, Vol. 26

Fischer, R.D., Serra, P.J. (1996), "Income Covergence Within and Between Countries", Internetional Economic Review, Vol.37, No.3

Frazis, H., Stewart, J. (2011), How Does Household Production affect Measured Income Inequality, J.Popul.Econ. Vol.24: 3-22

Fujita, M., Thisse, J-F. (2003), "Does Geographıcal Agglomeratıon Foster Economıc Growth? and Who Gains And Loses From It?", The Japanese Economic Review Vol. 54, No. 2

Funke, M., Yu, H. (2009), "Economic growth across Chinese provinces: In search of innovation-driven gains", BOFIT Discussion Papers 10/2009

Galper, H., Toder, E. (1984), "Transfer Elements in the Taxation of Income from Capital", **Economic Transfers in Unites States (1984),** Moon,M. (ed.) içinde, Univ. Of Chicago Press, Chicago

Garcia-Lizana, A., Perez-Moreno, S. (2012), European Journal of History of Economic Thought 19:1: 45-65.

Garofalo, G.A., Yamarik, S. (2002), "Evidence from a New State-by-State Capital Stock Series", Review of Economics and Statistics Vol. 84, No.2

Georgantopoulos, A.G., Tsamis, A.D., (2011), The Impact of Globalization on Income Distribution: The Case of Hungary, Research Journal of International Studies, Iss.21

GILLIS M., ROAMER M., PERKINS D., SNODGASS D., (1992), Fiscal Policy, Duke Un. Press., Durham

Gianetti, M. (2002), "The Effects of İntegration on Regional Disparities: Convergence, Divergence or Both?", European Economic Review 46

Glaeser, E.L., Gottlieb, J.D. (2009), "The Wealth Of Cities: Agglomeration Economies And Spatial Equilibrium In The United States", NBER WORKING PAPER SERIES 14806

Glomm, G., Ravikumar, B. (2003), "Public education and income inequality", European Journal of Political Economy Vol. 19

Halaç, U., Kuştepeli, Y. (2008), "Türkiye'de Bölgesel Gelirin Yakınsaması: Gelir Dağılımı Açısından Bir Değerlendirme", DEU İktisat Bölümü, Discussion Paper Series No. 08/01, İzmir

Hammond, G.W. (2006), A Time Series Analysis of U.S. Metropolitan and non Metropolitan Income Divergence, Ann Reg Sci Vol.40:81-94

Hasanaov, F., Izraeli, O. (2011), Income Inequality, Economic Growth, And The Distrıbution Of Income Gains: Evidence From The U.S. States, Journal of Regional Science, Vol.51, No.3

Hofer, H., Wörgötter, A. (1997), "Regional Per Capita Income Convergence in Austria", Regional Studies, 31:1

Huber, P., Tondl, G. (2012), "Migration and Regional Convergence in the European Union", ÖSTERREICHISCHES INSTITUT FÜR WIRTSCHAFTSFORSCHUNG Working Paper Series, 419/2012

Işığıçok, E., (1998), "Türkiye'de Gelir Dağılımı ve 1987-1994 Gelir Dağılımı Araştırmalarının Karşılaştırmalı Bir Analizi", Uludağ Üniversitesi İktisadi ve İdari Bilimler Dergisi, Cilt:16, Sayı.1"

Itoh, R. (2013), Regional Income Disparities in an OLG Structure, Ann Reg Sci (2013) 50:185-202

Jaumotte, F., Lall, S., Chris, P. (2013), Rising Income Inequality: Technology, or Trade and Financial Globalization?, IMF Economic Review Vol.61, No.2

Jenkins, S.P. (1999), "Modelling Household Income Dynamics", Journal of Popul. Economics 13

Jenkins, S.P. Rigg, J.A: (2001), "The Dynamics of Poverty in Britain", Institute for Social and Economic Research (ISER), University of Essex, Department for Work and Pensions Research Report No 157

Jenkins, S.P., Micklewright, J. (2007), "New Directions in the Analysis of Inequality and Poverty", German Institute for Economic Resesarch Discussion papers 700

Johnson, P.A. (1999), "A nonparametric analysis of income convergence across the US States", Economics Letters 69

Johnson, P.A. (2005), "A continuous state space approach to: Convergence by Parts", Economics Letters 86

Jones, C.I. (1997), "On the Evaluation of World Income Distribution", Journal of Economic Perspective, Stanford Univ.

Jones, C.I. (1998), **Introduction to Economic Growth,** W.W. Norton, 1998

Kakamu, K., Fukushige, M. (2005), "Divergence or Convergence? Income İnequality Between Cities, Towns and Villages in Japan", Japan and the World Economy 17 (2005)

Kaldasch, J., Evolutionary Model of the Personal Income Distribution, EBC Hochscule Berlin WP, Berlin

Karaalp, H.S., Erdal, F. (2012), Sanayileşmenin Bölgesel Yığılması ve Komşu illerin Büyümesi Gelir Farklılıklarını Arttırır mı? Türkiye İçin Bir Beta Yakınsama Analizi, Ege Akademik Bakış, Cilt.12, Sayı.4

Karaca, O., (2004), "Türkiye'de Bölgelerarası Gelir Farklılıkları: Yakınsama Var Mı?", Türkiye Ekonomi Kurumu Tartışma Metni, No:2004/7

Karaman, İ., (1997), "Dünyada ve Türkiye'de Gelir Dağılımı", Yeni Türkiye, Sayı 6, Ankara

Kırdar, M., Saraçoğlu, Ş. (2012), "İç Göç, Bölgesel Yakınsama Sorunu ve Ekonomik Büyüme: Türkiye Örneği", Türkiye Ekonomi Kurumu Tartışma Metni, No:2012/75

Kırdar, M.G., Saraçoğlu, D.Ş. (2012), "İç Göç, Bölgesel Yakınsama Sorunu ve Ekonomik Büyüme: Türkiye Örneği", Tartışma, TEK, No. 2012/86

Kremer, M., Onatski, A., Stock, J. (2001), "Searching for Prosperity", Carnegie-Rochester Conference Series on Public Policy 55

Krugman, P., Venables A.J. (1996), "Integration, Specialization, and Adjustment", European Economic Review 40 (1996)

Kurz, H. (2010), Technical Progress, Capital Accumulation and Income Distribution in Classical Economics, European Journal of History of Economic Thought Vol.17, No.5:1183-1222

Kuznets, S. (1955), "Economic Growth and Income Inequality", American Economic Review, s. 1-28

Lambert, P.J., Ramos, X. (Tarihsiz), "Welfare Comparisons : Sequential Procedures For Heterogeneous Populations", University of York, JEL: D63, I31

Lauterbach, A. (1976), "The 'Convergence' Controversy Revisited", KYKLOS, Vol. 29

Lee, H., Kim, J., Cin, B.C., (2013), Empirical Analysis on the Determinants of Income Inequality in Korea, International Journal of Advanced Science and Technology, Vol.53

Lin, S., Zhang, W. (2009), The Effect of Corruption on Capital Accumulation, Journal of Economics, Vol.97: 67-93

Maasoumi, E., Racine, J., Stengos, T. (2007), "Growth and convergence: A profile of distribution dynamics and mobility", Journal of Econometrics 136

Makdissi, P., Wodon, Q., (2011), GINI Decomposition and GINI Income Elasticity Under Income Variability, Bulletin of Economic Research 64:2

Miller, S.M., Upadhyay, M.P. (2002), "Total Factor Productivity and the Convergence Hypothesis", Journal of Macroeconomics 24

Murphy, K.M., Shleifer, A., Vishny, R. (1989), "Income Distribution, Market Size and Industrialization", Quarterly Journal of Economics, Aug. 1989

Mutlu, S. (2012), "Bölgesel Farklılaşmanın Nedenleri ve Türkiye Bağlamında Bölgesel Geliştirme Stratejileri", Tartışma, TEK, No. 2012/56

NADAROĞLU H. (1989), Kamu Maliyesi Teorisi, Beta Yay. İstanbul

Nagaraj, R., Varoudakis, A., Veganzones, M.A. (2000), "Long-Run Growth Trends And Convergence Across Indian States", Journal of International Development 12

Neumayer, E. (2002), "Beyond income: convergence in living standards, big time", Structural Change and Economic Dynamics 14

Niebuhr, A., Granato, N., Haas, A., Hamann, S. (2012), "Does Labour Mobility Reduce Disparities Between Regional Labour Markets in Germany?", Regional Studies, 46:7

Nishi, H. (2012), Structural VAR Analysis of Debt, Capital Accumulation and ıncome Distribution in the Japanese Economy, Journal of Post Keynesian Economics, Vol.34 No.4: 685

Oğuş, A., Türkiye'de Ekonomik Büyüme ve Gelir Dağılımı, İzmir Ekonomi Üniversitesi Makaleler, web: http://eco.ieu.edu.tr/people/aogus/kongre.pdf, erişim tarihi, Temmuz 2013

Olsen, O.E., York, K.A. (1984), "The Effect of Different Measures of Benefit on Estimates of the Distributive Consequences of Government Programs", **Economic Transfers in United States (1984)**, Moon,M. (ed.) içinde, Univ. Of Chicago Press, Chicago

Oskooee, M. B., Hegerty, S.W., Wilmeth, H. (2012), The Saving-Investment Gap And Income Inequality, The Journal of Developing Areas, Vol.46, No.2

Ostbye, S., Westerlund, O. (2007), "Is Migration Important for Regional Convergence? Comparative Evidence for Norwegian and Swedish Counties, 1980–2000", Regional Studies, 41:7

ÖKSÜZ A. K. (1993), Bölgesel ve Sektörel Gelir Dağılımı Ölçütleri, Ankara

Önder, Z., Özyıldırım, S. (2012), "Role of Bank Credit on Local Growth: Do Politics and Crisis Matter", Journal of Financial Stability No.9

Özgen, C., Nijkamp, P., Poot, J. (2009), "The Effect of Migration on Income", Tinbergen Institute Discussion Paper, TI 2009-022/3

Özsabuncuoğlu, İ.H., Direkçi, T. (2012), "Seçilmiş Bazı Makro Ekonomik Değişkenlerin Türkiye'de Bölgesel İstihdama Etkisi", Tartışma, TEK, No. 2012/86

Özuğurlu, A. (2006), "Yoksulluk Araştırmalarına Eleştirel Bir Bakış", Mülkiye, Cilt: XXX, Sayı: 250

Paas, T., Kuusk, A et. al. (2007), **Econometrıc Analysis Of Income Convergence In Selected EU Countries And Theır Nuts 3 Level Regions**, University of Tartu Press No: 484, Estonia

Palley, I.T. (2012), Wealth and Wealth Distribution in the neo-Kaleckian Growth Model, Journal of Post Keynesian Economics, Vol.34, No.3

PARASIZ İ., BAŞOĞLU U., ÖLMEZOĞULLARI N., (1999) Gelir Bölüşümü, Ekin Yay., Bursa

Pasinetti, L.L. (1962), "Rate of Profit and Income Distribution in Relation to the Rate of Economic Growth", The Review of Economic Studies, Vol. 29, No. 4

Peichl, A., Pestel, N., Schneider, H. (2012), Does Size Matter? The Impact of Changes in Household Structure on Income Distribution in Germany, Review of Income and Wealth, Series 58, No.1

Penalosa, C.G., Turnovsky, S.J. (2011), Taxation and Income Distribution Dynamics in a Neoclassical Growth Model ,Journal of Money, Credit and Banking, Vol. 43, No. 8

Persson, J. (1996), "Convergence across the Swedish counties, 1911-1993", European Economic Review 41

Phillips, P.C.B., Sul, D. (2007), "Transition Modelling and Econometric Covergence Tests", Econometrica, Vol.75, No.6

Pritchett, L. (1996), "Forget Convergence: Divergence Past, Present and Future", Finance and Development (june 1996)

Pritchett, L. (1997), "Divergence, Big Time", Journal of Economic Perspectives,Vol. 11, No. 3

Puga, D., (2010), "The Magnıtude And Causes Of Agglomeration Economies", Journal Of Regional Scıence, VOL. 50, NO. 1

Pyatt, G. (2001), Some Early Multiplier Models of the Relationship Between Income Distribution and Production Structure, Economic Sytems Research, Vol.13, No.2

Qazi, A.Q., Yulin, Z. (2012), "Productivity Measurement of Hi-tech Industry of China Malmquist Productivity Index – DEA Approach", Procedia Economics and Finance 1

Quah, D. (1993), "Empirical Cross-Section Dynamics in Economic Growth", European Economic Review 37

Quah, D. (1997), "Empirics for Growth and Distribution: Stratification, Polarization,and Convergence Clubs", Journal of Economic Growth, Vol. 2, Issue: 1

Quah, D.T. (1995), "Empirics for Economic Growth and Convergence", European Economic Review 4

Quah, D.T. (1996), "Growth and Convergence in Models of Distribution Dynamics", The Economic Journal, Vol. 106, No. 437

Quah, D.T. (1996), "Regional convergence clusters across Europe", European Economic Review 40

Quah, D.T. (2001), "Searching for Prosperity A Comment", Carnegie-Rochester Conference Series on Public Policy 55

Rappaport, J. (2005), "How does labor mobility affect income convergence?", Journal of Economic Dynamics & Control 29

Rattso, J., Stokke, H.E. (2012), "Population divergence and income convergence: Regional Distribution Dynamics for Norway", Department of Economics, Norwegian University of Science and Technology, JEL codes: C14, J61, R11, R12

Ravallion, M. (2003), "Inequality Convergence", Economics Letters, No. 80

Ray, S.C., Desli, E. (1997), "Productivity Growth, Technical Progress, and Efficiency Change in Industrialized Countries", The American Economic Review, Vol. 87, No. 5

Razmi, M.J., Ashrafzadeh, S. (2012), Study of the Relationship Between Economic Growth and Income Distribution, Economics and Finance Review Vol.2, No.4: 24-31

Razzin, A., Yuen, C. (1997), "Income convergence within an economic union: the role of factor mobility and coordination", Journal of Public Economics 66

Rea, R., Zahra, K.T. (2008), "Evaluation of the Income Convergence Hypothesis in Ten New Members of the European Union. A Panel Unit Root Approach", PANOECONOMICUS, 2008, 2

Rey, S.J., Janikas, M.V. (2005), "Regional Convergence, Inequality and Space", Journal of Economic Geography 5

Rey, S.J.,Brett D. M. (1999), "US Regional Income Convergence: A Spatial Econometric Perspective", Regional Studies, 33:2

Rooth, D., Stenberg, A. (2012), The Shape of the Income Distribution and Economic Growth – Evidence from Swedish Labor Market Regions, Scottish Journal of Political Economy, Vol.19, No.2

Roy, S., Income Distribution, Spillover Effects and Choice of Product Quality, Journal of Economic Development, Vol.36, No.2

Sahling, L.G., Smith, S.P. (1983), "Regional Wage Differentials: Has the South Risen Again?", The Review of Economics and Statistics, Vol. 65, No. 1

Sakamoto,H. (2013), Regional Income Disparity in China Using Value-Added Data: Decomposition and Distribution Dynamics, RURDS, Vol.25,No.1

Sala-i Martin, X. (2006), "The World Distribution of Income", The Quarterly Journal of Economics, Vol.121, No.2

Sala-i Martin, X.X. (1996), "Regional cohesion: Evidence and theories of regional growth and convergence", European Economic Review 40

Salai-Martin, X. (2006), "The World Dıstrıbutıon Of Income: Falling Poverty and . . . Convergence, Period", The Quarterly Journal of Economics Vol. CXXI Iss. 2

Sala-i-Martin, X., and Mohapatra, S. (2002), "Poverty, Inequality and the Distribution of Income in the G20", Columbia University Discussion Paper, No. 0203-10,New York.

Saposnik, R. (1981), "Rank Dominance in Income Distributions", Journal of Public Choice 36

Schutz, R.R. (1951), "On the Measurement of Income Inequality", The American Economic Review, Vol.41, No.1

Scott, A.J., Storper, M. (2003), Regions, Globalization and Development, Regional Studies, Vol.37.6&7:579-593

Scott, R., Pressman, S., (2013), Household Debt and Income Distribution, Journal of Economic Issues, Vol.47, No.2

Sen, A. (1979), "Equality of What", The Tanner Lecture on Human Values Dev. At Stanford Univ

Sen, A. (1997), **On Economic Inequality**, New York, Norton, 1973 (Expanded edition with a substantial annexe by James E. Foster and A. Sen, 1997).

SEYİDOĞLU H. (1999), Ekonomik Terimler Ansiklopedik Sözlük, Güzem Can Yay., İstanbul

Shioji, E. (2004), "Initial Values and Income Convergence: Do the Poor Stay Poor", The Review of Economics and Statistics 86 (1)

Simhon, A., Fishman, A. (2011), Income Distribution, Search and Market Efficiency, The B.E. Journal of Economic Analysis &Policy, Vol.11, Iss.1

Slaughter, J. M. (1998), "International Trade and Per Capita Income Convergence: A difference in differences analysis", NBER WORKING PAPER SERIES 6557

Slaughter, J. M. (2001), "Trade liberalization and per capita income convergence: a difference-in-differences analysis", Journal of International Economics 55

Slaughter, M.J. (1997), "Per Capita Income Covergence and the Role of International Trade", The American Economic Review, Vol.87, No.2

Slaugter, M.J. (1997), "Per Capita Income Convergence and the Role of International Trade", NBER WORKING PAPER SERIES 5897

Smeeding, T. (1984), "Approaches to Measuring and Valuing In-Kind Subsidies and the Distribution of Their Benefits", Economic Transfers in Unites tates (1984), Moon,M. (ed.) içinde, Univ. Of Chicago Press, Chicago

SMITH C. (1994), Economic Development, Growth and Welfare, Palgrave Macmillan, London.

Solon, G. (2002), "Cross-Country Differences in Intergenerational Earnings Mobility",Journal of Economic Perspectives Vol. 16, No. 3

SÖNMEZ, M. (1990), Türkiye'de Gelir Eşitsizliği, İletişim Yay., Ankara

Spithoven, A. (2013), The Great Financial Crisis and Functional Distribution of Income, Journal of Economic Issues Vol.47, No.2

Stiglitz, J. E. (2006), **Making Globalization Work**, New York, W.W. Norton, New York

Tamura, R. (1991), "Income Convergence in an Endogeneous Growth Model", Journal of Political Economy, Vol. 99, No. 3

Tamura, R. (1991), "Income Covergence in an Endogenous Growth Model", Journal of Political Economy Vol. 99, No.3

Taşkın, F., Zaim, O. (1997), "Catching-up and Innovation in High and Low-Income Countries", Economics Letters 54

TC Başbakanlık DPT (1994), **Gelir Dağılımı ve Politikaları**, Yedinci Kalkınma Planı Özel İhtisas Komisyonu Raporu, Ankara

TC Başbakanlık DPT (2001), **Gelir Dağılımının İyileştirilmesi ve Yoksullukla Mücadele**, Sekizinci Kalkınma Planı Özel İhtisas Komisyonu Raporu, Ankara

TC Başbakanlık DPT (2007), **Gelir Dağılımı ve Yoksullukla Mücadele**, Dokuzuncu Kalkınma Planı Özel İhtisas Komisyonu Raporu, Ankara

Tselios, V. (2009), "Growth and Convergence in Income Per Capita and Income Inequality in the Regions of the EU", Spatial Economic Analysis, 4:3

Tsoulfidis, L., Mariolis, T. (2007), Labour Values, Prices of Production and the Effects of Income Distribution: Evidence from the Greek Economy, Economic Systems Research, Vol.19, No.4

TUNCER S. (1969), Gelirin Yeniden Dağılımı, İktisadi Araştırmalar Vakfı Yay., İstanbul

Tuncer, İ., Özuğurlu, Y. (2004), "Türkiye Ekonomisinde Büyüme ve Sektörel Üretkenlik Analizleri: Bölgesel Karşılaştırmalar, 1980-2000", Tartışma, TEK, No. 2004/24

Tuncer, İ., Özuğurlu, Y., (2004), "Türkiye Ekonomisinde Büyüme Sektörel Üretkenlik Analizleri: Bölgesel Karşılaştırmalar, 1980-2000", Türkiye Ekonomi Kurumu Tartışma Metni, No:2004/24

Turnovsky, S.J. (2011), Journal of Human Capital, vol.5 no. 4, Univ. Chicago, Chicago

TÜRK İ. (1994), Maliye Politikası, 10.baskı, Sevinç Yay., İstanbul

TÜSİAD (2008), **Türkiye'de Bölgesel Farklar ve Politikalar**, Yayın no: TÜSİAD-T/2008-09/471, İstanbul

Voyvoda, E. (Tarihsiz), "Türkiye Ekonomisinde Kamu Maliye Politikaları ve Büyüme İlişkisi Üzerine Bir Değerlendirme", www.econstor.eu, Erişim: Aralık 2013

World Bank, World Development Report 2003-Overview,Washington DC,

Wunder, T., (2012), Income Distribution and Consumption Driven Growth: How Consumption Behaviors of the Top Two Income Quintiles Help to Explain the Economy, Journal of Economic Issues, Vol.46, No.1

Yamamura, E., Shin, I. (2009), Effects of Income Inequality on Growth through Efficiency Improvement and Capital Accumulation, International Economic Journal, Vol.23, No.2

Yang, X. (2013), Dynamic Relationship Among the Human Capital Distribution, Income Gap and Growth, Information Technology Journal 12 (10)

Yılmaz, E. (2011), "Income Distribution Efficiency and Rationing", Economic Modeling 28

Yiğidim, A. (2012), "Büyüme Politikaları: Türkiye Ekonomisi Açısından Bir Değerlendirme", Tartışma, TEK, No. 2012/74

Yumuşak, İ.G., Bilen, M. (2000), "Gelir Dağılımı ve Beşeri Sermaye İlişkisi ve Türkiye Üzerine Bir Değerlendirme", K.Ü. Sosyal Bilimler Dergisi, Yıl:1, Sayı:1

Zheng, P. (2011), The Determinants of Disparities in Inward FDI Flows to the Three Macro-Regions of China, Post Communist Economies, Vol.23, No.2: 257-270

Kolibri 360 GmbH
Ferdinand-Jühlke-Straße 7
99095 Erfurt, Deutschland
produktsicherheit@kolibri360.de

Druck:
CPI Druckdienstleistungen GmbH
im Auftrag der
Kolibri 360 GmbH
Ferdinand-Jühlke-Str. 7
99095 Erfurt